Laurence ESTIENNE

Pequeña estrella

de Provence

Les éditions Plum'issime

Prólogo

Dejo libre curso a mi deseo de transmitir de una pluma ligera y desligada mi que centella epopeya familiar. Vuelo, me vuelo...

Centella, centella pequeña estrella, como un diamante que eres...

A través de la Provence dorada, en el cielo azul daña aterciopelado...

Centella, centella pequeña estrella como una joya que eres...

Del puente de Aviñón en su palacio, olores con sabor a fruta y Mistral alado...

En pleno corazón la ciudad, Papalines y sibaritas…

Pagnol o Mistral escribían, bonitas obras apasionadas…

De sus famosas defensas selladas, se protege Aviñón…

Centella, centella pequeña estrella como un tesoro que eres…

De mi mediodía provenzal gustado, postal acidulado.

Jo

PARTE I

Bajo el impulso de Cupido

El 23 de septiembre de 1898:

Abracadabra

¡Por un espléndido día estival, en pleno corazón de la ciudad cardinalice del Año 1898, bajo el sol aplastante de mi mediodía provenzal, en los alrededores las trece horas, desaparece!

Pequeña mujer discreta al paso fino y distinguido, adornado de una larga trenza de color negro ébène, de un temperamento suave y alegre, y de una cara que respira la alegría de vivir colgada de una bonita sonrisa, observo el mundo a través de mis ojos azul azul, de un azul límpido, espléndido, único y casi transparente en los cuales el pícaro hundiría de buen grado.

De la cumbre de mis diecisiete años, me siento a una joven mujer libre, alimentada con amor y con buena educación por mi familia modesta que me llamó a Joséphine. Mi madre, Marie-Louise, joven mujer marrón, de pequeño tamaño, voluptuosa y siempre capsulada de un mono toma cuidado de nuestro bienestar en las tareas diarias de una ama de casa. Mi padre, Charles, grande hombre y colorado, reconocible a su gran bigote fino y curvado, es el jaboneros, duros trabajo que eligió para su amor de la naturaleza. En su charreton, recorre la ciudad desde el barrio San Juan, todos los días de la semana, para proporcionar los numerosos pedidos de los habitantes de Aviñón. Su solo respiro es el día dominical en que comparte con mi suave madre, en sus más bonitas ropas, la misma aspiración para el Santo Padre. En su paseo matinal, se vuelven a la iglesia del Carmes, en centro urbano, cerca de a cinco ciento metros de la casa, entrelazados como al primer día. En buenos católicos, participan en la comunidad del Carmes en las oficinas dominicales rituales y se dedican a prestar su en el momento de la búsqueda en final de misa. Trabajan activamente a través de los cantos y se colocan a menudo en los primeros bancos cerca del altar. La iglesia del Carmes fue el lugar inevitable de momentos intensos de emoción y lágrimas, de tristeza y felicidad para nuestra familia desde varias generaciones. Es el testigo de nuestros vínculos de sangre o alianza en nuestro bonito municipio. Es nuestro lugar de vida donde compartimos horas de complicidad en el mismo.

Aviñón, ciudad nombrada al VI siglo antes del Jésus-Christ, se encarga de historia con su rico patrimonio arquitectónico y religioso, que en realidad un lugar de peregrinaje muy valorado. Es una de las más viejas ciudades de Europa por sus vestigios prehistóricos tres mil de años antes del Jésus-Christ. El nombre de la ciudad tiene dos interpretaciones: "ciudad del viento violento" o también "señor del río". A la Edad Media, la ciudad es una del la más importante de Provence con Marsella y Arles. La residencia pontifical de 1309 a 1423 se debe esencialmente a consideraciones políticas ya que algunos clanes rivales rasgan Roma. Siete papas se suceden. La edificación del famoso Palacio de los Papas en 1335 de una envergadura colosal, lugar de residencia de los papas, hace el prestigio de la ciudad. Hace una superficie del miles metro cuadrados y sus vueltas culminan a cincuenta metros de cumbre. Estos años van radicalmente a transformar la Ciudad señalándolo de una impresión a renombre mundial.

La situación geográfica de Aviñón es fuente de contrabando y comercio fluvial importante. Se enclava Aviñón, a propiedad del Condado de Provence luego de Pape Clément VI en 1348 - muy como el Comtat Venaissin- en el reino de Francia. De la revolución francesa, Aviñón y el Comtat están vinculados a Francia. Aviñón se convierte en jefe de departamento del Vaucluse creado en 1791. La llegada de Napoleón al poder aporta la paz y el principio del renacimiento económico. Con todo su corto paso el 25 de abril de 1814 en Aviñón en un movimiento que se opone al régimen imperial lo vuelve impopular. El papel político de la ciudad se borra delante del de capital económica regional.

De su famoso puente St Bénézet del XIIe siglo a su Palacio de los Papas del XIVe siglo, de la catedral Notre-Dame a sus famosas defensas... la ciudad abunda de monumentos clasificados y lugares más resplandecientes los unos que otros. Ofrece también una suavidad vivir mecida por el Mistral, fuerte viento del Mediodía, el calor de los rayos del sol que brilla al año casi tres ciento sesenta días y el canto de las cigarras en verano.

La ciudad papal es un municipio del sureste de la Francia instalada sobre la orilla izquierda de la Ródano frente a Villeneuve-Lès-Avignon. Es confinada por los departamentos de Gard y Bouches-du-Rhône y permanece muy afianzada a su mítico acento provenzal que canta y a su puente Saint-Bénezet.

Históricamente, la leyenda dice que Pequeño Benoît, conocido bajo el nombre de Bénézet, pastor a Burzet, en lo Vivarais, nacido en1165, entonces de doce años, recibió el orden divino de ir a construir un puente en Aviñón. Benoît comenzó en 1177 su construcción de veintidós arcos sobre restos de vaciados romanos. Acabado en1185, franqueaba entonces la Ródano sobre nuevo ciento quince metros con un ángulo derecho para ofrecer menos toma a las fuertes corrientes. Después de una noticia y fuerte crecida de la Ródano en 1669 (tras las destructivas de 1603,1605 y 1633), solos cuatro arcos resistieron para dejarnos nuestro "a pont d'Avignon" sobre la orilla izquierda de la Ródano. La Ródano, desde hace muchos siglos, por su importante tráfico fluvial, es la cuna del medio de transporte privilegiado para la ciudad. Gabarras parten las aguas tranquilamente por una y otra parte la ciudad para transportar materiales.

Las piedras calcáreas de la región sirvieron a la construcción de sus defensas del XIVe siglo gracia en parte a los aviñoneses por el impuesto sobre la sal y el vino y al florín por cabeza. Se taladran las defensas, que miden más de cuatro kilómetros de longitud, se flanquean de treinta y nueve vueltas y de siete puertas principales distribuidas muy en torno a la vieja ciudad de manera circular. Ceñe defensas, la roca del Doms es el núcleo original de la ciudad, sobresaliendo por de treinta y cinco metros la Ródano, al pie del cual el Palacio de los Papas reina en amo.

El valle de la Ródano, por la acumulación de depósitos aluviales y el trabajo del hombre, tiene un relieve escaso reconocible a la presencia de un rosario de islas incluida la más grande es la Isla de Barthelasse situada entre Aviñón y

Villeneuve-lès-Avignon y al decorado infeliz debido a las frecuentes inundaciones. Ciudad húmeda por excelencia, Aviñón se cubrían de su abrigo fangoso. Los riesgos de inundación siguen siendo muy presentes durante el otoño y el mes de marzo hasta el 1862 cuyas señales se tienen en cuenta sobre la placa de la puerta de la Línea al norte de la ciudad. Mis antepasados han conocido dos crecidas principales de la Ródano en Aviñón el 4 de noviembre de 1840 y sobre todo el 31 de mayo de 1856 que causó la destrucción de una parte de las defensas. La isla de Barthelasse cuyo puente suspendido franquea sus orillas, por otra parte desapareció bajo las aguas, y la Ródano, bajando por los numerosos canales subterráneos y desbordante por los muelles, invadió una gran parte del centro urbano.

A la aurora del Siglo XIX siglo, Aviñón, cabeza de partido del departamento de Vaucluse, es el centro económico de una región que prospera gracias al comercio de la seda y el garance, planta a flores amarillas cuyo rizoma proporciona un colorante rojo. Los dedos de hada de las obreras de la seda, verdaderas varitas mágicas, que se atienden sobre este pequeño capullo blanco. Del décoconnage a la torcedura, las obreras se agotan en los talleres para un salario ridículo en los cuales respiran un aire húmedo y contaminado por los vapores fétidos y el polvo muy nocivos para su salud. Con todo, el renombre de la industria textil vauclusienne no podría ocultar la dura realidad del diario de estas mujeres reducidas a una existencia miserable. Difíciles condiciones de trabajo debidas al esfuerzo respecto a las tareas agotadoras o incluso extenuando (trabajo de la seda, hilado, devanadura, torcedura a la posición oblicua continua de la espalda y a las manos hundidas en el agua exuberante de manera perpetua) a la duración diaria de trabajo fijada en las doce horas, el pequeño capullo blanco es codicioso de mano de obra femenina dotada de paciencia y dotada con dedos finos y hábiles con que se vinculó a la vez para ella a una pesadilla diaria y a su fuente vital de rentas.

Gracias al desarrollo de los transportes ferroviarios en la segunda mitad Siglo XIX del siglo, el aumento de los cultivos de huerta - cuya región es una del la más productora de Francia es fuente de beneficios y rica cuenca de empleos.

Aviñón es aún una ciudad media con cerca de cuarenta y seis mil de habitantes - población que ha duplicado en un siglo que circulan para la mayoría a pie o a caballo a través de calles y callejuelas pavimentadas que hacen todo el encanto de antaño. Las mujeres, con sus zapatos de tacón, dan saltitos fácilmente de un adoquín y se sorprenden a correr, con su falda larga, por eso ligeras que una mariposa.

La calle de los baños que la vio nacer en el otoño 1880 es una pequeña calle del centro urbano nombrada cocea merdeuse. La imaginación desbordante de los habitantes vinculada a una distinción humorística de una calle pavimentada al refugio de las miradas me hace bien sonréir.

Soy el menor de mi familia. Mi hermana Catherine de dos años mi mayor compartió mis juegos de niño. Mis padres me llaman común y afectuosamente del bonito apodo "Fifine".

¡Momentáneamente, cerca de a las dieciséis horas, deben ser a mi investigación desde un par de horas! Es cierto que una desaparición es ya inquietante y que los cocees de Aviñón no están muy seguras en este final de siglo. La aprehensión de saltar un paso importante para entrar en el Siglo XX siglo preocupa a cada uno. Ideas negras las memorias generalmente atizan: problemas climáticos importantes, intervenciones extraterrestres... o simplemente el final del mundo.

Para no asustar a mis queridos padres, les deslicé una carta manuscrita cuidadosamente doblada sobre mi mesa de noche, decorada de un minúsculo corazón de color rojo. Ya que, en lo que se refiere, tengo más bien el alma cantando y la nariz levantada disimulada detrás de mi amplia sonrisa que me come bien toda la cara. ¡Soy feliz!

Mi secreto - ya que se no hace caso aún mi aventura reside en mi encuentro enamorado con mi bonito Marius de cinco años mi mayor. ¡Sólo tengo dieciocho años y estoy bien lejos alcanzar mi mayoría de veintiuno años!

Marius es un joven pequeño hombre y elegante, marrón con una bonita cabellera ligeramente ondulada. Habla bien con una lengua medida. Es muy atento y prevé una vida a dos en un futuro próximo. Tiene un oficio que admiro, mí que tiene el deseo de convertirse en modista profesional desde mi más blanda infancia, ya que es sastre de ropas. ¡El primer sastre de ropas en Aviñón! Tiene manos finas, largas y delicadas. Manejó el tejido como cualquiera no lo haría. Tiene tal destreza manual, tal pasión para su oficio, tal dedicación para su trabajo, e ideas tan creativas que originales que me hace completamente volcar.

Nos encontraron rue Thiers, una de las más bonitas arterias de Aviñón, un día de Otoño 1897, dónde el cielo enrojece por la previsión de viento el día siguiente, elaborábamos un cuadro espléndido al ojo ejercido de un provenzal.

La calla Thiers es una calle rectilínea, confinada por edificios de estilo. Gracias a la puerta Thiers, trae al centro urbano, al lugar Piadoso y a la reciente construcción de los Mercados (único mercado cubierto), motor de la reestructuración urbana de la parte Este del hyper centro. Cerca de la puerta Thiers, los manufacturas Gagnière fueron el objeto de nuestra primera chispa en el fondo de nuestras miradas azuladas.

Es cierto que el bonito Marius llevaba el nombre de Estellon resultante del latín Stella "estrella"; ¡Que de salió bien mejor entre nosotros que un encuentro que destella! ¡Fue un verdadero golpe de rayo!

Se me contrató como modista en los manufacturas Gagnière, a ocho ciento metros de la casa. Subo las capotas - ropas de prestigio para nuestro querido ejército francés llevadas orgullosamente por nuestros jóvenes soldados. Varios centenares pasan entre mis manos cada semana. Se me basa a la planta baja del edificio, cerca de la entrada, en la extensa sala del piqueuses de cuello. Se dedica cada hilera de la sala a una parte de la prenda de vestir. A primera vista, la sala se asemeja a una inmensa sala de clase con oficinas superadas por máquinas que deben coserse y recipientes rectangulares a la derecha de cada tabla de trabajo. Las oficinas rectilíneos unos detrás de los otros separados por una avenida se colocan al contrario de una hilera que no permite ninguna comunicación entre las obreras. Las sillas con el pie en hierro a cuatro ramas y la reposición-espalda sobre los riñones ofrecen una comodidad relativa. La producción en cadena permite ritmos importantes. El edificio imponente con refuerzo metálico contiene cerca de un centenar de modistas, mayoritariamente de las mujeres. Cuando mi bonito Marius entre uno no decidido y ligero a las ocho horas precisas todos los días, hace volcar mi corazón a su simple vista. Trabaja en el taller de costura, muy cerca mi, dibuja los dueños y tamaño con precisión el tejido entre sus dedos de hada. Es sastre. Feminizado el oficio, aún muy, sólo dejaba poco lugar a los hombres excepto los puestos de dirección. Rodeado con numerosas mujeres, a Marius le gusta dar algunos consejos útiles al gente femenina, y revelarles cartas secretas sobre el montaje de los modelos.

Lo observó a partir de mis primeros días, luego observado detenidamente durante numerosas semanas antes de encontrar el medio de abordarme. Fue una mañana fresca en que hacía bien de entrar dentro después de una buena marcha matinal, nuestras mejillas enrojecidas por el frío. El trabajo los reunieron, el destino hizo el resto...

Marius es huérfano de padre desde sus siete meses. Se ha elevado por su madre, María-Nathalie y sus siete hermanos y hermanas. Es el cadete de esta familia numerosa. Su padre, José, albañil, había alquilado una casa en el centro de Caumont sobre Durance, a algunos kilómetros de Aviñón, para albergar a su familia antes de su muerte a la edad de treinta años.

Mantuvimos relaciones discretas durante seis meses al refugio de las miradas indiscretas y lejos de mi familia. Nos poníamos de acuerdo maravilla y aviones placer por revisarnos cada vez más a menudo. Desgraciadamente, el 30 de diciembre de 1897, su madre dejó este mundo, mientras que Marius sólo tenía veintidós años. ¡Qué desasosiego para este joven hombre! Las solicitudes de Marius se volvían más urgentes, previendo un futuro común cada vez más preciso a la primavera 1898. Usamos las estratagemas los más guillados los unos que los otros con el fin de nosotros encontrar regularmente. Pero nuestro idilio no agradaría a mis padres. Mi juventud es incompatible con una conexión seria.

¡Es pues en estos primeros días de septiembre de 1898, que me volé… con mi bonito caballero! Marius la retiró durante tres días. Para forzar el destino, es de hábito que el caballero valeroso retira sus bonita algunos días durante. Los padres, evidentemente forzados luego conquistados por esta declaración, admiten la parte así informada a la familia y conciben un futuro evidente para esta nueva conexión oficializada. En lo que se refiere, temo mi vuelta a la casa pero mis padres comprenderán ciertamente el entusiasmo de nuestra juventud. Mi hermana me había hecho saber que se enfadaban contra mi. No querían de esta unión debido a nuestra diferencia de importancia. A nuestra llegada después de este largo intermedio de tres días, nuestro deseo siempre también burbujeando, y nuestras certezas en cabeza, Marius se presentó delante de mi padre y le pidió mi mano. Mi padre inmediatamente aceptó, ante el hecho realizado. Los proyectos de matrimonio se elaboraron rápidamente.

El con fecha del 8 de febrero de 1899 se detuvo para nuestro matrimonio. Preparativos de matrimonio al manojo de nacimiento, me atendí. Una maravilla promovía el hueco de mis vísceras: ¡era preñado! La felicidad de convertirse en mujer y madre dejaba a la vez estallar una alegría inmensa que no compartía con todo mis padres, deslustrados por la concepción precipitada de este lado el pacto civil del matrimonio.

El 8 de febrero de 1899: Nuestro matrimonio

Este gran día llegó, por un día fresco y soleado, a dieciocho años, muy de blanco vestida, con un vestido largo en satén cuya su concepción es todo mi orgullo, aureolado de un pequeño bolso con forma de beca adornado de perlas y encaje cosidas en paramento. Iba a casar en justa boda con mi Marius, el hombre mis de soñados que iba a compartir por fin mi vida. La ausencia impuesta de los padres de Marius obscurecía nuestro universo, así como la "vergüenza" de la familia de saber a su hija embarazada ese día.

Mi padre, confiar de llevar a su hija al hotel de ciudad, enarbolaba dignamente una levita oscura y un sombrero chistera negro. La travesía del centro urbano se hizo a pie. El ayuntamiento es una antigua residencia del príncipe Louis Napoléon, entonces Presidente de la República, inaugurada en 1852 y superada de un viejo campanario de iglesia animado de un par de jaquemarts cuyo marido pega a su mujer a cada hora que suena. Toda de enaguas y satén vestida, me esfuerzo en encontrar a mi bonito a Marius delante de la plaza del ayuntamiento. Las manos desconcertadas de metros de tejido inmaculado con el fin de no ensuciar mi vestido blanco, me avanzo lentamente hacia la entrada donde se encuentra una muchedumbre acumulada. Mi cabeza deja aparecer un grande mono florecido de numerosas rosas blancas bajo una vela en Tulle que cubren mi cara, mantenida por una digna diadema de una princesa, brillantez, blanco y adornado de perlas de distintas dimensiones.

Una mano me acoge delicadamente. La de mi querido Marius que lo espera desde demasiado largos minutos, impaciente de descubrirme: ¡minutos interminables a su modo de ver! Después de su enhorabuena y sus gestos blandos, me hace señal de la cabeza. Me doy la vuelta. ¡Vi otro hombre que a su práctica, la cara abierta, los relajé, flexible, cuyas todas características de su cara irradiaban y sonréian hasta el final de su fino bigote! Sus ojos empañados ocultaban un determinado pudor. ¡Era orgulloso Papá! ¡Mover a Papá! ¡Era tímido Papá! Tenía un papel que jugar delante de toda la asamblea reunida en el pie del ayuntamiento. De aplausos a manera de enhorabuena sobre la novia a las interjecciones: ¡"Que es bonita! ¡", "espléndido vestido! ", estaba sobre una pequeña nube ver que "mi" vestido imaginado y hecho por mi parte agradaba mucho. Madre se acerca mi: "Todo está en lugar, tu comportamiento es perfecto." y añade: "Eres el más bonito."

Se indicaba dignamente a mis lados. Le había aconsejado elevar un vestido largo a dobles volantes de color azul daño que él iba a maravilla. ¡Es necesario decir que se asemeja más a mi hermana que a mi madre, solamente a treinta años! Catherine tiene los ojos que brillan de placer. De la cumbre de su metro sesenta, aumentado de bonitos botines a cordones a talones, tenía orgulloso paso en su vestido largo corsetée cuyo cordón púrpura recuerda el afilado de la falda. Su capeline combinada alargaba su silueta y le daba un puerto de reina. Una pequeña beca en encaje negra a la muñeca, había tomado cuidado de guardar pañuelos y algunas monedas. Aún soltero, atraía las miradas.

Luego, mi padre me trae lentamente al brazo de Marius, por la imponente entrada del ayuntamiento confinado de dos magistrales columnas de parte en parte. El vestíbulo blanco es majestuoso, de una altura superando los tres metros. Se adorna numerosas columnas en piedra de alrededor un metro de diámetro y de sus dos inmensas escaleras en frente, encuadrando el monumento a las muertes para

Francia. Pedimos prestada la escalera de izquierda que los lleva directamente al piso, a la sala de los matrimonios, decorada para la ceremonia. Los huéspedes siguen en el silencio. La familia y algunos amigos viven a nuestros lados este momento intenso de división y unión.

A la entrada de la sala de los matrimonios, me impregno de la solemnidad de los lugares, y mi vida enmaraña entonces a una velocidad loca delante de mis ojos. Memorizo este momento importante para grabarlo a nunca en mi memoria. Me vuelvo a ver a niña al hueco de los brazos de mis padres, los momentos de complicidad con mi hermana y mis abuelos, nuestros paseados sobre las orillas de la Ródano, al jardín del Doms, sobre el lugar del Palacio, cocean de la República, los mercados provençaux, nuestros ponen-risa, nuestra vida al centro urbano, nuestro barrio, mis amigas de escuela, mis maestras, mis soñados con niño y mi búsqueda del príncipe encantador… ¡Tanto recuerdos se trastornan en mi cabeza! Tiendo a volver de nuevo hacia la realidad. Pienso a mi deseo profundo de vida común y matrimonio con Marius, al nacimiento de nuestro niño, de familia quien formaremos, a mi papel de madre… Luego observo entonces poco a poco la decoración aseada de la sala embellecida de moqueta mural azulada y de sus sedes en terciopelo excluido de rojo y de azul, su oficina solemne que va a recibir en algunos minutos nuestras declaraciones encendidas, nuestros intercambios enamorados y nuestros compromisos de vida común. Una pequeña lágrima regordete señala a la esquina de mi ojo. La sospecho que sea una lágrima de tristeza ya que dejo toda mi comodidad, mis prácticas y mis padres y al igual que novedad, comprendo lanzarme en el desconocido cuerpo y alma. Pasa lentamente a lo largo de mi mejilla enrojecida por la mirada insistente huéspedes. De un gesto discreto, mi índice borra este rastro húmedo. Pero mi sonrisa invade tout-à-coup mi cara y da paso a una cara radiante. Me consolido con pensamientos futuro que tranquilizan y pienso a la bondad de mi novio.

Dejando delicadamente el brazo de mi padre para tomar el de mi novios, me dejo guiar hacia el hotel y mi lugar donde trono mi sillón en terciopelo rojo, aquél incluso que ve enmarañar casados y fuertes emociones. ¡Se me transformará experimento intensamente que el mayor día de mi vida está allí... en algunos minutos, yo... a una mujer casada! Permanezco concentrado ciertamente, para no llorar, para controlar mis emociones, para estar presente a la felicidad de casar con mi amado. Teniente de alcalde la ceremonia son llevado por, grande hombre y fino al traje estrechado con una fuerte voz. De notas de humor en notas joviales, la división se juega oficialmente, con la bendición de mis padres. ¡Que de emociones mezcladas, esperanza, promesas, y de proyectos para Marius y mí mismo! Nuestro encuentro fue que destellaba, nuestro futuro lo será lo mismo. Sellamos nuestro pacto por un beso de circunstancia ante la asistencia después del intercambio de los anillos dorados depositados previamente sobre un cojín blanco bordado a los escudos de armas de Aviñón con sus tres claves y sus gerfauts que realicé durante cuatro noches al refugio de las miradas.

Los registros firmados por nuestros testigos de matrimonio, mi gran hermana Catherine y mi futuro cuñado, y las congratulaciones hechas, tomamos la dirección de la iglesia del Carmes, que fue el testigo de nuestros jóvenes años de catecismo.

El Carmes llegan a Aviñón en 1267. Construyen su convento. Juan XXII reconstruye la iglesia del Carmes al XIVe siglo y Clemente VI luego desempeña un papel preponderante durante la Revolución. En 1803 recibe el título de Santo Symphorien y se convierte en la iglesia parroquial. Su única nave confinada al norte y al sur por capillas según el ritmo de las envergaduras, cubiertas en el origen de una estructura, sólo está dotada con una bóveda en 1836. Su fachada se adorna con un gablete que se arde y con una rosa realizados al XVe siglo. La rosa es majestuosa y hecho la admiración de nuestra familia.

Al brazo de mi padre, avanzamos tímidamente sobre la marcha nupcial jugada sobre el órgano acampado sobre la entrada principal, ante el altar cubierto de un tejido blanco decorado de aplicaciones violetas con bordado de hilo de oro y lana.

La iglesia del Carmes nos acoge en su cueva y experimentamos este lugar de espiritualidad como una gracia interior. Sus proporciones grandiosas, su nave, sus capillas con sus estatuas y sus velas, y sus espléndidas vidrieras representando escenas bíblicas llaman al recogimiento. Nuestra complicidad es grande. Presioné su marcha en piedra a la entrada desde mi nacimiento cientos de vez. Tanto recuerdos me nos vinculan esta gran dama y me. La ceremonia religiosa es marcada de lecturas de mi padre, de una homilía personalizada y rica de cantos cuyos coros razonan en la nave.

Tengo el espíritu que chispea de felicidad. Todo mi ser tiemblan. Me gustará decidir el tiempo con el fin de prolongar este estado de bienestar absoluto. Nuestra nueva vida comienza en este lugar consagrado después de nuestro primer beso del que la impresión indeleble señala nuestro grado de intimidad y sensualidad, promesa sellada y coloreada de complicidad. Siento a mi Marius tanto feliz.

¡Experimento a lo sumo profundo mi una onda beneficiosa, un eco de ternura y felicidad... nuestro pequeño Tesoro!

Los meses pasan con delicia en nuestro apartamento calle de Mons donde tomamos cuidado uno del otro. El habla regional provenzal hace el vínculo en nuestra complicidad. El pequeño apartamento que sella nuestro amor en un viejo edificio a los aspectos azules está al pie del Palacio de los papas. Se sitúa entre el lugar del Reloj donde dominan el hotel de ciudad y la ópera y la pared del Palacio de los papas. Basta con cruzar la calle para presionar el lugar del Palacio de los papas. Nuestro capullo nos acoge en una modesta parte principal que sirve dos habitaciones y una pequeña cocina. Los baldosines rojos al suelo dan del color y égayent el conjunto del apartamento.

Las largas horas trabajadas terminan por cansarme. Mi vientre se redondea y permite difícilmente alcanzar la aguja de la máquina que debe coserse. Las capotas son pesadas. Mi lentitud es visible. Mi ahogo también. No tengo pausa para evitar el entumecimiento y temo no poder trabajar hasta el final de mi embarazo.

El 10 de junio de 1899: Nacimiento de Louise, nuestro primer bebé

Pongo del mundo a una niña el 10 de junio de 1899 llamada Louise, como su abuela maternal. Es decir todo el compromiso de una muchacha a su madre… Esta pequeña cara melenuda, marrón y mate de piel, hace toda nuestra felicidad. La pequeña glotona ya gustan los placeres más simples de la vida. Es fácil de vivir. Crece pacíficamente.

A tres semanas, participa en su primera fiesta del Santo Jean que ilumina nuestra noche estrellada para celebrar el solsticio de verano acompañada por un grupo popular que reúne músicos, a cantantes y a bailarines disfrazados al ritmo de música al sonido de la zampoña y tamboriles, instrumentos tradicionales de Provence. Los largos vestidos de colores diferentes superados de un delantal blanco trabajan el comportamiento de las provenzales con una bonita cofia sobre un mono y de los zapatos negros. Se equipa a los hombres de un chaleco sin manga de color y de unos pantalones amplios. Sus danzas sautillantes sobre una melodía repetitiva permanecen en cabeza. En par, luego en ronda o en farándula, el grupo se vuela sobre músicas que bailan. Una fogata quema sobre el lugar Saint-Lazare y los curiosos observan con insistencia las llamas rojizas y amarillentas que bailan sobre la madera. Los más valientes se corren el riesgo de saltar los brasean y esperan que su deseo se realice con oportunidad en el próximo año.

Mi bebé tiene su primer diente de leche a tres meses y parece precoz. Mi hermana y yo mismo lo traen pasear todos los domingos por la tarde a Saint-Lazare en su cochecito de niño. Bordeamos las defensas por el hospital Santa-Marthe para volvernos hasta la estación. O aprovechamos de recorrer las defensas hacia el Norte, en dirección del muelle de la línea donde se amarran de numerosas gabarras, a la puerta del Oulle, bordeando la Ródano. El decorado natural me sorprende agradablemente a cada una mis de paseada. Siempre soy maravillado por el puente Saint-Bénezet, monumento flexible que se concede los colores del arco iris según los caprichos del tiempo. Es que deslumbran de contrastes y ricos de imperfecciones vinculadas a las heridas del tiempo. Su piedra se teñe y se trabaja a la voluntad del fuerte viento, el Mistral. Sus arcos no doblan sino no podrían romperse, usando la toda su fuerza para contradecirlo. El puente de Aviñón es el lugar privilegiado de grandes manifestaciones el domingo. Bajo el puente, se juegan las grandes luchas sobre la Ródano. Millares de curiosos se codean con sobre el puente y sobre el frontón de la capilla para ver el espectáculo. El otros se acumulan al pie del puente. Largas barcas acogen a los ocho compañeros. Llegados a la altura de la otra embarcación, el combate a la lanza se hace de cara cuyo objetivo es afectar al adversario de pie. De una flexibilidad que se acerca a las de las cañas, las lanzas se doblan en arco de circunferencia para hacer ceder al equipo cuyo compañero a la lanza juntará tan pronto como de las profundidades de la Ródano y las repercusiones de agua. La escena es espectacular y clara la recompensa.

A Noël, nuestra maravilla ya tiene seis meses. Pretende permanecer sentada y pista a cuatro piernas a longitud de tiempo. ¡Es inagotable!

Los preparativos de Noël forman un ritual que aprecio mucho. A la Santa Barba, el cuatro de diciembre, señala el principio de las fiestas calendales de Noël en Provence. Se establece el trigo en tres copelas depositarse sobre la mesa en la grande cena. Representan a Trinidad. Si el trigo se germina el veinticinco de diciembre, la cosecha siguiente será buena.

La guardería de Noël representa la escena de la Natividad en nuestros pueblos provençaux hace algunos siglos con ayuda de figuritas del belén compuestas de personajes: el niño Jesús, recién nacido, Marie, Virgen, José, el padre, el asno y el buey en el establo, el pastor, la amoladora, el tambourinaire, Lou Ravi, los pastores, el ángel, el ciego y su hijo, el gitano, el molinero, Pistachiet y Giget de las ofrendas, los viejos, los pescadores, el cestero, el portador de agua, las tres Reyes Magas Mages... el conjunto adornado de puit, molino a viento, y puente. Su origen viene paradójicamente de Italia al XIIe siglo.

El Cacho-fio es el hecho de pelar el fuego de la chimenea por lo más joven al leno (tradicionalmente de árbol frutal) elegido en la reserva que se siente en el deber quemar durante tres días y tres noches. La asamblea hace tres veces la vuelta de la tabla que se cubre de tres capas (Trinidad). El más joven riega de vino el leno con ayuda de un ramo empapado en un vaso de vino cocina mientras que el abuelo pronuncia las palabras de bendición en provenzal:

Cacho-fiò

Bouto-fiò

Alègre, alègre

Dièu nous alègre

Calèndo vèn, tout bèn vèn

Dièu nous fague la gràci de veire l'an que vèn

E se noun sian pas mai, que noun fuguen pas mens

La traducción es:

Tarta de Navidad,

Da el fuego

Alégranse

Dios nos da la alegría

Noël viene, todo viene bien

Dios nos hace la gracia de ver el año que viene

Y si no estamos cuanto más, que no estemos menos.

La grande cena es la comida típica provenzal del Cena de fin de año de Noël servido antes de la misa del gallo. Está formado por siete platos finos en acordar de siete dolores de Marie. Ha realmente una comida fina por la simplicidad de sus platos pero copiosos por el número de platos propuestos (verduras acompañadas de anchoïade, el bacalao, lo cena… Forma parte integrante de la Nochebuena. Se acompaña de los trece postres servidos después de la misa del gallo - que representan el Cristo y a sus doce apóstoles dispuestos sobre la mesa al principio de la comida con un candelabro compuesto de tres velas que simbolizan el Pasado, en acordar de nuestros prójimos difuntos, el Presente en testimonio de fidelidad a los amigos y padres, y el Futuro, en la esperanza de los niños que debe nacerse.

La misa del gallo celebra el nacimiento del Niño Jesús. Se da a la iglesia del Carmes en lengua provenzal. El pastrage (procesión) y las pastorales (representación teatral de la escena de la Natividad) animan esta fiesta cristiana.

A continuación, se sirven los trece postres acompañados de vino caliente, momento privilegiado de reencuentros: la bomba a aceite (representación de Jesús que rompe el pan), acompañada del cuatro mendigo (nuez (Orden del Agustinos), almendras (Carmelitas), higos (Franciscanos) y uvas pasa (De Dominica), del turrón blanco y negro (el penitente negro y blanco), de los dátiles (símbolo del Cristo venido de Este), de los higos secados y otras frutas de Extremo Oriente (origen de Reyes Magas Mages) y por fin, de las frutas de temporada (uvas, manzanas, naranjas, dulce de membrillo, orejeras...).

El día siguiente, día de Navidad representa para nosotros un día festivo para los niños que creen a Père Noël. Nuestra familia es modesta con la comida mejorada alrededor de un pavo rellenado.

Algunos días después de, el épiphanie se celebra para la llegada de las Reyes Magas Mages al establo después de haber seguido el lucero del alba hasta Belén en Galilea. Arrodillados delante del recién nacido, Melchior Gaspar y Balthazar ofrecieron respectivamente: del oro (para los derechos), la mirra (anunciando el sufrimiento redentor que iba a enfrentar), y el incienso (para el divinidad). El épiphanie es celebrado por el bollo de leche de los Reyes a agujero con forma de corona perfumada de flor de naranjo que oculta una haba y superada de frutas confitadas (que representan las piedras preciosas ofrecidas por las Reyes Magas Mages) y grandes granos de azúcar. El más joven, símbolo de inocencia, se oculta bajo la tabla para proponer la parte destinada distribuirse al huésped de su elección.

La candelaria situada cuarenta días después del nacimiento del Niño-Jésus celebra la purificación del Virgen así como la presentación de Jesús al templo, y señala el final de las fiestas calendales.

PARTE II

El nuevo siglo

¡1900, principio del vigésimo siglo y su lote de sorpresas!

De algunas reticencias pasadas a medianoche, este cambio de siglo predice bonitos momentos de vida con nuestra juventud y nuestras esperanzas, nuestros soñadas y nuestros deseos. El sentimiento de ser testigo de este nuevo siglo se me alegra.

Las inundaciones

El mes de septiembre vio un acontecimiento inesperado, inesperado, repentinamente, violento y espantoso apoderar toda la ciudad, de su sótano a altura de hombre. Una inundación notable (al igual que la habíamos vivido en otoño, en octubre y noviembre de 1886, en septiembre de 1890, noviembre de 1896 y enero de 1899) hizo sacar la Ródano de su cama que burbujeaba y que se arremolinaba, descendiendo las calles adyacentes, luego de sobra el centro urbano a pesar de la instauración con la mayor precaución de diques a cada una de las puertas de las defensas situadas cerca del río: lleva Santo-Lazare, lleva de la Línea, lleva del Oulle y lleva a Santo Dominique.

El agua fangosa toma el paso sobre la actividad humana. Se extiende rápidamente, se traga a través de campo, a través de madera, a través de carretera, a través de piedras... La crecida obstruye y se duerme toda actividad humana. Tiene una potencia innegable que sólo tiene fuerza su voluntad de disminuir. Con su carácter caprichoso, asusta a la vez y ella desamparada. Como por magia, hace subir el más originales de los rezos para que se obstruya, se duerme rápidamente y vuelve a entrar en su cama.

Su paso es devastador para las familias que usan el ritual générationnel en cumplimiento de los bienes familiares évertuant que deben ponerse al refugio los bienes y materiales profesionales en altura, en los pisos o los graneros de las viviendas. No obstante, los barrios en orilla de la Ródano, al igual que el barrio de mi infancia, avenida de la sinagoga, son muy cercana y rápidamente sumergidos.

La ciudad es cruzada por balletes incesantes de barcas de suministro.

¿Cuánto familias sufrieron los mares que invaden las bodegas y la planta baja de su vivienda? ¿Cuánto días las familias necesitadas en este diario se enfrentan la "ola azul"? ¿Cuánto llantos? ¿Cuánto lágrimas? ¿Cuánto miedos? Aceptar la fatalidad de los caprichos del tiempo varias veces por año y organizarse a este período refuerzan la polivalencia de las familias.

¡Que de preocupaciones por cada uno! Mi pobre padre superado de su boina usa voluntariamente su carro como medio de transporte para los aviñoneses del barrio para abastecerse, abastecerlos, para ir a trabajar o también para ser apoyo a las familias en estos momentos difíciles. Otros utilizan barcas y ayudan a los del ejército cuya primer misión estos días de catástrofe natural residen en el rescate humano. ¡Rara es la representación, y extraordinaria la dedicación!

Los carros, bicicletas, automóviles y otros medios de locomoción corrientes dejan el lugar a las barcas sobre nuestras carreteras comunales que abandonan la cama de la Ródano, peligrosa y móvil. Los hombres sacan sus manojos pesqueros, a la altura de muslo, para hacer una vuelta en torno a su vivienda. La impresión de apocalipsis arrastra en las calles… El silencio persiste… La vegetación se meurt… El cielo grisáceo de Aviñón da el tono… La ayuda mutua se anima lentamente… Los niños viven estos momentos como un juego…

Estos algunos días de inmovilización ceden entonces el lugar al descenso. El agua se incorpora a su cama. Su salida es más rápida que su llegada. Horas de duro trabajo se anuncian. El agua fangosa dejó los rastros de su paso afianzado sobre las paredes y los muebles. La lluvia anuncia el sol. ¡No se esperó nunca el Mistral, viento meridional que sopla en ráfagas también! Seca y congela muy sobre su paso. Sanea también el valle de la Ródano y nos ayuda a respirar un aire puro y fresco.

¡Esta plaga podría con todo ser evitada por la construcción de una presa aguas arriba, regulador de las crecidas en el valle de la Ródano!

La Ródano es un río vivo, activo, potente y libre. A mis horas, por tiempo soleado, me gusta pasearme a lo largo de la Ródano con mi hija, al muelle de la línea, hasta el puente de Aviñón, para respirar el buen aire, aspirar a una distensión bien merecida y agarrar bruscamente del fondo de mis mirettes las bonitas imágenes que enmarañan durante esta pasea. Observo lo transfiero-transferir en la Ródano, barco pesquero de una modernidad asombrosa que coge a pescados venidos a fallarse en el eslabón, cerrando un ojo y dedicándose al deporte local, la buena siesta meridional de su propietario. De una facilidad desconcertante, lo duplica nasa inclinada vuelve sin cesar para encarcelar a los pescados en las rejillas luego rebotan en el cubo sombreado en el nicho en tela delante del barco.

El recipiente a redes barrederas permite la travesía de la Ródano en dirección de la otra orilla, sobre la isla de

Barthelasse. A menudo, es objeto de nuestro paseo dominical con el fin de pasear sobre la orilla de la Ródano en medio de la campaña naciente.

Las gabarras ofrecen un cuadro natural de calma y plenitud debida a la lentitud de su proyección sobre el agua. Los curiosos siempre saludan su paso.

Algunos jóvenes pícaros peligrosos se dedican a la zambullida en la Ródano, en un agua en cinco grados, niños bien imprudentes a pesar de la prohibición renovada de los bomberos. Otros suben las defensas, para creerse los amos del mundo y recorren algunos metros sobre una estrecha anchura a una altura no desdeñable. La libertad de los adolescentes y su indiferencia no alteran la confianza de los padres en su progenitura. ¡Es necesario que juventud se haga! Fuerte de esta acta, en mi calidad de joven madre, daré a mi hija todo el armas para que el entusiasmo de su juventud no lo conduzca hacia horizontes aventurados y que mi papel que mima no desborda en el sofocamiento.

A un an, Louise fait ses premiers pas comme une grande avec de jolies bottines en cuir noir à lacets. D'abord hésitante, elle se stabilise pour ensuite trotter tout le long du couloir. Elle est pleine de vie. Son père la regarde en silence souvent jouer.

El 23 de mayo de 1903: nacimiento de Thérèse, nuestro segundo niño

Una felicidad no llega nunca solo, nuestro hogar acogió a una segunda niña llamada Thérèse, el 23 de mayo de 1903, cuatro años después de nuestro mayor. Por eso diferente una del otro, colman nuestra vida. Thérèse es un bebé fino y largo que me se asemeja mucho. Es tranquila y muy curiosa de todo lo que lo rodea. Vivimos siempre en centro urbano.

Aviñón y su modernización urbana

La revolución industrial volvió a dibujar la vieja ciudad papal mediaval por una urbanización y una modernización arquitectónica en detrimento de su patrimonio histórico. Con el fin de dibujar la ciudad sobre el modelo parisiense, se crean algunos bulevares en el centro urbano entonces surcado por callejuelas tortuosas y oscuras. La perforación de la arteria principal, lo cocea Bonaparte llamada cocea hoy día de la República para conectar la estación en el centro de la ciudad o lo cocea Thiers se realizan entonces. Este período económico fasto opera cambios consiguientes como la perforación de infracciones en las defensas, la construcción de los Mercados, la creación de los bonitos edificios y palacetes, la sinagoga y el cuartel Hautpoul reelegido cuartel Chabran que acoge el 7.o regimiento de la ingeniería ante las defensas. Si el final del Siglo XIX siglo traza tímidamente la amplitud de la ciudad fuera de las paredes, donde la extensión de la ciudad se realiza sobre todo hacia el sur en dirección de Durance y hacia el este la Ródano que canaliza su desarrollo. Los barrios San Juan, el Trillade, las Fuentes, Santo-Ruf, Monclar, y Champfleury florecen de viviendas y las grandes arterias (carretera de Lyon, carretera de Marsella o carretera de Tarascon) acuellan contra las defensas. El nuevo siglo verá en las próximas décadas contrariamente el de la población hacia el extramuros o incluso las ciudades vecinas. Salida de sus defensas, Aviñón se puebla y se moderniza.

Aviñón y su dimensión cultural

Aviñón es la cuna de un renacimiento cultural de la lengua provenzal iniciado por el movimiento del félibrige, cuyos principales iniciadores son Théodore Aubanel, Joseph Roumanille y Frédéric Mistral (Premio Nobel de literatura en 1904). Permitieron por su acción hacer irradiar en el mundo la lengua y la cultura provenzal.

El 11 de junio de 1909: importando terremoto

Entre las catástrofes naturales más graves en Francia, el seísmo de junio de 1909 - de una amplitud 6,2 sobre la escala de Richter permanece grabado en las memorias provenzales y en todo el sur de Francia e incluso hasta en Italia. El cambio de comportamiento de los animales algunas horas antes de la catástrofe natural influyeron a los habitantes. Nuestro viejo gato Grisouille después de serse tierra al suelo, volvió en redondo, luego se ocultó bajo la cama cuyo domicilio eligió sin poder descubrirlo. Cuando tout-à-coup, un rugido mana seguimiento de crujidos luego dos violentas sacudidas sacudieron Provence y sobre todo el Bouches-du-Rhône. Nos apresuramos salir en la calle. Gritos de niños, de adultos mezclados a las sirenas apagaban nuestras orejas. El pánico rápidamente ganó a la población tanto más que de las contrapartes se pusieron un índice las semanas siguientes.

Aviñón se sitúa sobre faltas calcáreas. El origen del seísmo es la aproximación de la placa africana hacia el norte, en dirección de la placa de Eurasia n de la cual la consecuencia es la subida de los Alpes. En Aviñón, deja en adelante en su centro un rastro a las generaciones futuras en la rue Carreterie, cuyo campanario del Agustinos superado de una muy antigua torre de campana en hierro forjado siguió siendo ligeramente inclinado. Un pesado balance para Provence con dos mil millones de francos, cuarenta y seis muertes, dos ciento cincuenta heridos graves y tres mil de construcciones dañadas o destruidas.

El 14 de octubre de 1913: encuentro con el Presidente de la República

En este día del 14 de octubre de 1913, nos aceleramos a poner nuestras más bonitas ropas para la llegada del Presidente de la República, Raymond Poincaré. Van en el hotel de ciudad, colocan a recibirle del reloj por nuestro alcalde. Esperamos percibirlo de cerca. Es importante ser suficientemente pronto para reservar un lugar cómodo a alcance de vista. Es un momento importante y raro. Se le eligió en la primavera pasado a cincuenta y tres años.

El hotel de ciudad se había previsto de sus más bonitos activos: tres banderas francesas a cada ventana dominan orgullosamente y en su entrada majestuosa, pesadas cortinas teatrales confinaban sus lados. Todas las grandes ventanas abiertas de la obra acogían a dos personas a cada una ellas, de la planta baja al primer piso. Se acampaba a funcionarios, a cargos electos y todas personalidades aviñonesas a lo largo del edificio.

Después de una larga espera ante el ayuntamiento donde habíamos tenido la oportunidad de colocarnos, a las once horas, la llegada del Presidente en carroza aprovechada por cuatro caballos fueron impresión. Se acompañaba de cuatro hombres con bigote con chivo o barbudo. Dos esmaltados de pie a la parte patrocinados de una chistera negro se tenían a la barra. A la parada de la carroza, uno esmaltado descendió para abrir la puerta de la carroza y acompañar todo este bonito mundo sobre la tierra firme con ayuda del escalón. El Presidente es un hombre a la cara redonda con un chivo y un bigote entrecano.

El Sr. Alcalde se avanza orgullosamente delante de sus huéspedes para acogerlos e invitarles a entrar con el fin de compartir horas de intercambio político marcadas de una comida festiva con un gran jefe aviñonés. Vivimos intensamente estos momentos, como una oportunidad de ver sobre nuestro municipio a tal personalidad.

El 4 de agosto de 1914: la Primera Guerra Mundial

Desencadenada por un asesinato, Alemania declara la guerra a Francia el 4 de agosto. Ante el caos, Aviñón pierde del dos cientos de sus habitantes en los combates. La Primera Guerra Mundial sangra la población francesa.

El 4 de noviembre de 1920: matrimonio de Thérèse

¡Thérèse que es llena de vida cayó enamorado! Quiere casarse. Marius es orgulloso ella. Es el primer sastre de Aviñón y prevé para ella un vestido simple y elegante. A 17 años, celebramos su matrimonio el 4 de noviembre de 1920 con Louis, gran hombre fino y marrón, carpintero, de seis años su mayor.

Se dota a louis para su oficio. Le gusta la madera y la naturaleza. Se sacrifica para sus clientes. Al volante de su juva 4 de color verde, se desplaza orgullosamente. Superada tableros, puertas o aspectos, su fiel coche lo acompaña infatigablemente hacia sus clientes a longitud de tiempo.

El 6 de septiembre de 1921: Nacimiento de Alfred, nuestro primer nieto

El nacimiento de Alfred nos transforma en abuelos tartas. Somos maravillados por este pequeño ser regordete y melenudo que acogemos con los brazos abiertos. Tras dos muchachas, puedo conocer la alegría de elevar a un muchacho sin las responsabilidades de padre.

En marzo de 1925: pena de amor de Louise

Louise, enamorado en secreto de un joven profesor, dio voz a su destino. Joven hombre tímido y aventurero, René lo frecuentaba desde hace seis meses. Pidió su cambio en África, en un destino que quería muy especialmente, dónde el calor y el mar se codean con el cielo azul a longitud de año. Inicialmente vacilante, y fomentada por su padre, se ve bien exiliarse al sol, vivir en una casilla en madera típica próxima a la gama donde se siente de vacaciones todo el año pero este destino desconocido es un tanto anxiolytique donde los expatriements se hacen raros. Tiene con todo la pretensión de enseñar a todos los niños ya que la enseñanza es universal y la pasión de su oficio la guía siempre hacia el éxito de estos queridos peques. Ya que en cuanto a fibra maternal, tiene una paciencia de ángel con los niños. Más grande soñado es convertirse en madre. Con todo, no se atreve a cruzar el paso; su conciencia lo solidificaba en Aviñón seguramente vinculada mi por una relación fusionista.

Mantuvo vínculos de los años que duraban con René después de su salida en junio por el envío de cartas encendidas, amontonadas las unas sobre otros, enrubannées de un satén rojo superados de un enorme nudo. El joven hombre, con su pluma fácil, se revelaba sobre papel dormido en un dédalo de palabras todos el buscada los unos que los otros: "Mi bien gustada, de mi exilio extremo a los perfumes sazonados y al calor aplastante, se hunde mi corazón se deseca y en un aislamiento carcelario. Sólo tiene interrupción de sangrar y llorar su ausencia. Mis suaves pensamientos se vuelan hacia ustedes. El tiempo se detiene. La vida es mate y plana a la idea alejárseme de mi destino. Ternuras." o también "mi adorada, sentarme sobre un banco a sus lados atormenta mi espíritu. Guardo la suave esperanza de apretarle en mis brazos."

Mi reservada hija, tímida y, a pesar de toda la energía desplegada por su enamorado tránsito, no irá incorporárselo. Se afianza demasiado en su región, demasiado cerca de su familia y sus prácticas y sobre todo bien demasiado hogareña hasta para hacer tales sacrificios de manera provisional, tres o cuatro años solamente. Eligió el celibato. Deja pues pasar ciertamente su oportunidad de ser madre. Conquista su libertad cuya soledad es el precio que debe pagarse, que la encarcelará y sacrificará seguramente su vida durante.

El 2 de agosto de 1931: Nacimiento de Vincent, nuestro segundo nieto

Diez años después de Alfred, nuestra hija pone del mundo a un segundo pequeño muchacho.

El 25 de junio de 1932: Nacimiento de Mireille, nuestra primera nieta

Una felicidad suplementaria para mis nietos, el nacimiento de la pequeña hermana Mireille el 25 de junio de 1932.

Algunos años de respiro para mi hija y su familia numerosa. Se sacrifica para ellos. Louis, trabajador encarnizado, hizo construir una casa provenzal a piso situada avenida de la Sinagoga, en los alrededores de las defensas Saint-Lazare para acoger a su familia y trabajar en él. A la planta baja, su taller con oficina y esquina aseos permitirá acoger sus numerosas máquinas gigantescas que recortan con una facilidad desconcertante todas las gasolinas de madera. Al piso, una bonita terraza cubierta con barandilla agujereada en piedras del puente del Gard, y la casa de vivienda incluyendo una grande cocina con horno, un comedor dando sobre la calle y un pasillo que sirve las tres habitaciones y la sala de agua. Un extenso granero sienta bajo el tejado e invade todo el espacio.

PARTE III

Un período perturbado

El 11 de junio de 1935: salida de Mireille

Alguien afecta a la puerta. Thérèse, jadeante, sin fuerza, entra en el comedor. Se arrodilla, las manos adjuntadas como para llamar un rezo. Desesperada, grandes lágrimas pasan a lo largo de sus mejillas. Su cerrada cara, sin voz, su mirada dice largo sobre la desdicha que la afecta: la pérdida de su niño. Sigue siendo fija algunos segundos antes de gritar su dolor. Nuestra pequeña Mireille se apaga de difteria este 11 de junio de 1935. ¡Sucia enfermedad! La medicina no es aún suficientemente potente para salvar jóvenes vidas. Una tristeza inmensa afecta a toda la familia. ¡Sólo tenía 2 años y mitad!

A su entierro, después de una misa mover en la iglesia del Carmes adornado de flores blancas, me acordaré siempre de esta imagen mover: toda la familia de negro vestida, en silencio, en el dolor y el recogimiento, seguía su pequeño ataúd llevado por croquemorts en el cementerio St Véran hasta la bodeguilla familiar donde descansa al cuadrado venticuatro. La amplia avenida del cementerio me parecía interminable para acceder a nuestra lápida familiar. Mireille, pequeño final de ser frágil, ángel blanco, se unió a mis padres y a todos sus abuelos. Lágrimas pasaron, pasaron, y pasaron mucho tiempo sobre nuestras mejillas enrojecidas por los pañuelos a cuadrados de algodón, testigos de nuestro inmenso dolor. Nuestros pensamientos se vuelan hacia ella a nunca.

El 17 de diciembre de 1936: nacimiento de Jean, nuestro tercer nieto

Las temporadas pasan lentamente hasta el anuncio de la llegada de un futuro bebé en la familia. Mi hija y mi yerno acogen al pequeño Jean el 17 de diciembre de 1936, el tercer muchacho de esta bonita familia numerosa, fuente de renacimiento y alegría. Es pelirojo, fino y grande al nacimiento. Aporta de la alegría para sus hermanos mayores. Se asemeja mucho a su padre.

1939: declaración de guerra mundial

1939, la Segunda Guerra Mundial señala su nariz en Francia para propagarse en el sur, alcanzando Provence, como un arácnido o un pulpo: imagen simplista de una joven mujer que se siente tomada a la trampa de la furia de los hombres. La guerra estalla y se extiende en los pueblos vecinos para a continuación para afectar Aviñón que es invadida por el enemigo.

¡Que de angustias acumuladas sobre el pasar a ser de nuestra familia, sobre la llamada de los hombres, sobre la supervivencia de las mujeres y niños, sobre el horror de la guerra, sobre la violencia, sobre las restricciones y sobre el miedo de perder el suyo!

En noviembre de 1940: Desapariciones trágicas

Grandes desdichas afectan directamente a nuestra familia. La enfermedad se apodera de nuevo del los más escasos. Se fulmina a mis nietos como los suyos. Los mayores, Alfred y

Vincent, respectivamente alcanzados de tuberculosis y meningitis y de 19 y 9 años, se apagan el 7 y 11 de noviembre de 1940. ¡Que de pruebas terribles! Buen Dios reanuda aquéllos que le gusta. Rezos suben al cielo… ¡Paz a su alma! Ruego en su memoria todas las mañanas a aumentar y todas las noches a dormir. Nosotros faltan al igual que nuestra pequeña Mireille. Pero Jean está con nosotros y demanda mucha atención casi a cuatro años.

Luego, algunos días más tarde, el 30 de noviembre, a setenta siete años, el padre de mi yerno muere. Aún una prueba dolorosa que debe superarse para él. Lo acompaña para su último permanece este dos de diciembre.

El 2 de diciembre de 1940: nacimiento de Marie

Una abertura de cielo azul en esta niebla grisácea se dibuja: el nacimiento de casa el 2 de diciembre al hospital Santa Marta. Su pequeña cara me ya se asemeja mucho. Tendrá los ojos claros. Espero grandes cosas para ella. Trasladamos rue Arnaud de Fabre.

Desde 1942: bombardeos a las detenciones

Administrado por el Gobierno de Vichy, el Vaucluse comienza las detenciones de judíos desde agosto de 1942 y no ahorra a los niños se detienen y se desplazan que, con una ida sin vuelta. Un barrio judío existía en Aviñón transferido cerca de la iglesia San Juan. La construcción de su sinagoga en 1221 en el centro de la antigua carrera de Aviñón, en el gueto judío hizo lugar a una "nueva" sinagoga, calle de la Sinagoga, inaugurada en 1787. En 1791, la Revolución suprime los guetos y concede la ciudadanía a los Judíos. Destruida por un incendio en 1845 luego reconstruida en 1846 por el arquitecto Joseph-Auguste Joffroy, se inaugura en 1848. Se desplaza a once familias sobre Aviñón también. Su vivienda se codea con las orillas de la Ródano, a lo largo del muelle de la línea, cerca del colegio Aubanel y de la puerta de la Línea.

Memoria de un pasado perturbado, en verano 1942 y en la primavera 1944, se detuvo a once familias judías incluido un sastre que formaba parte de una red de resistentes en la región de Aviñón y que vivía calle Punto.

El 11 de noviembre de 1942, la ciudad de Aviñón está ocupada por el ejército alemán.

A Aviñón, la amenaza viene del cielo… Los bombardeos contemplan puntos estratégicos de la ciudad. A partir del esbozo de un avión en el paisaje aéreo, la sirena de los bomberos llama a la población se Terrer muy rápidamente. Nuestra familia, (los más jóvenes niños en los brazos) correría a través de la ciudad en la sala consolidada de la planta baja del palacio de los Papas, edificio majestuoso por su gloria del tiempo de los Papas, que abría generosamente sus puertas a la población sin restricción, y encerraba en su cueva, al refugio, una masa de "figuritas del belén "horrorizadas a manera de protección. Sus piedras gruesas y blancas ocultan emociones mezcladas de miedo, llantos y depresiones.

Resistir bajo el empleo

Un decreto fue llenado de carteles por el alcalde de la Ciudad sobre las puertas del hotel de ciudad, coloca del reloj relativa a la fabricación de pan sin levadura de forma redonda. La población se organiza, se priva, se tierra... de los meses interminables durante. Con todo, los meses precediendo la liberación de la ciudad son los más dolorosos. El primer bombardeo combinado el 27 de mayo de 1944 en Aviñón que se destina a las líneas de ferrocarril y los puentes sobre la Ródano hace a cuatro ciento cincuenta muertes, a mil de dos ciento heridos y más de tres mil de siniestrados. Los Alemanes destruyeron el puente suspendido en su medio. Gracias al trabajo de los peones camineros de la ingeniería, se establece un puente de barcos. Varios centenares de víctimas deben contarse a este período cuya población pagó una pesada tribu durante la segunda Guerra Mundial. La imagen de los ataúdes alineados por una y otra parte la calle - de - cementerio Saint Véran rodeados de las familias permanece a nunca grabada en mi memoria.

El 25 de agosto de 1944: El desembarque de las fuerzas combinadas

El desembarque de las tropas combinadas en Provence sin resistencia enemiga se efectúa en Aviñón el 25 de agosto de 1944 por tropas francas-americano. Nuestro liberadores se aclama calle de la República, mezclando alivio y felicidad. Escenas de alegría dejan el lugar a los reencuentros. ¡Qué entusiasmo! ¡Qué aclamaciones! El General de Lattre libera la ciudad el 30 de agosto de 1944.

9 de septiembre de 1944: Marius al cielo

Mi pobre Marius fue víctima de un ataque. Fue el primer sastre de Aviñón en un bonito almacén "los elegantes" y era muy orgulloso él. Compartió mi felicidad, mis alegrías y mis dolores. Mi yerno, manitas, fabricó una silla de ruedas en madera a su intención en su enfermedad. Algunos meses después de, una crisis cardíaca se voló mi bien gustado hacia los cielos. Todas estas muertes familiares me interrogan sobre la presencia de Dios ya que se ha afectado a mi difícilmente familia muy. No dejo parecer nada y no quiero replegarme en la tristeza. Conservo mi sonrisa lo más a menudo posible y guardo en el fondo mi, a lo sumo profundo mi corazón, mis pequeños ángeles y su madre.

Se es 1947: Una apertura cultural

Un acontecimiento va a hacer estallar la ciudad en una dimensión cultural inigualable. En 1947, la creación por Jean Vilar "de la semana de Arte en Aviñón" del 4 al 10 de septiembre de 1947. Con del cuatro mille-huit-cents espectadores incluido dos mil de nueve ciento abonados distribuidos en tres lugares (cuyo mítico tribunal de Honor del Palacio de los Papas) sobre siete representaciones de tres creaciones: la tragedia de rey Richard II de Shakespeare, la historia de Tobie y Sara de Paul Claudel y una parte no hecha caso en Francia la terraza de mediodía de Maurice Clavel.

Una animación en el centro urbano que no nos deja indiferentes ya que esta manifestación ameno de numerosos turistas, de los curiosos y de los artistas. La ciudad en ebullición se convierte en un lugar cultural sin precedentes. Muy de su éxito, Jean Vilar se liga a una tropa de protagonistas como Jeanne Moreau, Maria Casarès, Philippe Noiret, Georges Wilson... Gérard Philippe junta la tropa del TNP en 1951 y se convierte en el icono con sus papeles del Cid y el Príncipe de Hombourg.

Su éxito es creciente a pesar de críticas amargas. Pero el festival es el reflejo de la transformación del teatro y da nuevo paso a la cultura en julio cada año.

En septiembre de 1947: Una pesada nube negra encargada de emociones

Es al regreso, en septiembre, que mi menor se apaga dejando dos jóvenes niños de diez años y mitad y seis años y medio. El sanatorio no pudo darle la fuerza de resistir. La operación al hospital Ste Marta se lo voló. ¡Su costosa vidente con todo le había garantizado el éxito de la operación! Fue de una pleuresía pero en pleuresía, hay "llantos". Dio todas las lágrimas de su cuerpo en un arroyo que burbujeaba, agotándose de dolores y tristeza después de la pérdida de sus tres niños cuyos dos últimos simultáneamente hace casi siete años ahora. Una vida de tristeza que se acaba. Un desgarramiento de ver ir a nuestra hija y de elevar sus niños, a nuestros nietos amados. Estamos en el apoyo de nuestro yerno y la dedicación a nuestra hija. Decidimos vivir en él en su casa a piso con Louise, siempre soltero a cuarenta y ocho años. Se es apasionada por su oficio de profesora y se felicita educar su "pequeños".

Mi yerno se enfrenta. Ha encargado de familia. Cede su diario y su espacio para acoger a su familia política. Louis es meticuloso y muy profesional. Tiene otra pasión que lo ocupa durante sus descansos: le gusta la electrónica. Desmonta las radios cuyo su vientre no tiene más de secreto para él. Desde la creación de la televisión en 1935, es mecido por el deseo de atacarse. Compró las partes en equipo para subir un televisor en blanco y negro que consiguió con éxito en los años cincuenta en que una minoría de hogares franceses poseía uno.

Compartíamos su gran obra, una habitación cada una. Jean transformó el granero en lugar de vida para su futura habitación y Marie comparte la gran cama con mi hija.

El ritmo de vida es bien diferente de nuestro ya que a sesenta y seis años, soy en cumplimiento de horarios y dificultades familiares de organización con jóvenes niños y un yerno que trabaja mucho. Me pongo a la cocina y tengo bien la casa. Respeto las comidas a las doce horas y diecinueve horas que suenan. Unos o dos minutos de retraso a quien se extravia y ya empieza el pan colocado sobre la mesa. Su rigor enciende a la familia. Su respeto de los horarios se codea con con el miedo de hacer mal.

Todo se regula al milímetro, incluso las cóleras de mi yerno. Le falta la paciencia que los rodeos de la vida él robaron. ¡Ingresó tanto! Tiene buenas excusas de extraviarse. Pero nulo no puede acusárselo. Ha cabeza de la familia, trabajador y nos colocan gratuitamente.

Para aliviar a los niños de la pérdida de su madre, los enviamos en colonia con el patrocinio durante las vacaciones de verano: Marie, con las hermanas y Jean con la juventud cristiana. Una bocanada de aire fresco a la montaña, para encontrar y jugar con niños de su edad y olvidar las horas negras. Algunos años más tarde, yo encima que tomaba a mi nieta para una huérfana durante la estancia, tratada con mucho respeto y de piedad por las animadoras.

Marie, nina tímida está todavía al acecho de la ocasión para reir. Tiene una risa atípica muy comunicativa. Es alegre y llena de vida. Es inteligente, el espíritu vivo detrás de su mirada felina a los ojos verdes esmeralda. Se asemeja a su abuelo que tiene una cara cuadrada y de las altas perillas. ¡Atraviesa a menudo su bicicleta para escapadas con sus amigas, pero vuelve a entrar siempre a la hora! Le gusta a la escuela y se dedica a su deporte favorito: el francés. No una falta no sale de sus escritos. Es un buen alumno, dotado y sabio. Con todo, la desconcentración lo acecha.

1948: la tradición taurine

Place du Palais, la última puesta a muerte en Aviñón se acaba después de una tradición taurine de una cincuentena de años comenzada en arenas a Bagatela, sobre la isla de Barthelasse. Este entretenimiento muy popular atrae a la muchedumbre. Las rivalidades entre Aviñonés y Villeneuvois atizan las batallas.

Marie, nina tímida está todavía al acecho de la ocasión para reir. Tiene una risa atípica muy comunicativa. Es alegre y llena de vida. Es inteligente, el espíritu vivo detrás de su mirada felina a los ojos verdes esmeralda. Se asemeja a su abuelo que tiene una cara cuadrada y de las altas perillas. ¡Atraviesa a menudo su bicicleta para escapadas con sus amigas, pero vuelve a entrar siempre a la hora! Le gusta a la escuela y se dedica a su deporte favorito: el francés. No una falta no sale de sus escritos. Es un buen alumno, dotado y sabio. Con todo, la desconcentración lo acecha.

Su padre, Charles había heredado de la empresa familiar en los años treinta. Su padre albañil y su madre, pequeña mujer de fuerte corpulencia, comercial en un ultramarinos cerca de la calle de las enfermeras, vivían calle Saúco, intramuros.

Charles trabajaba con su mujer que administraba la contabilidad y muy especialmente el sueldo de los empleados. Estos últimos debían venir a buscarlo el último día del mes a su domicilio, detrás del hospital Santa-Marthe. Andrée les pagaba en efectivo el salario bien merecido ya que el edificio es uno de los oficios más duros a hacer. Las inclemencias, el fuerte calor, y el trabajo a manos desnudas acentúan los desordenes físicos (mal de espalda, a las articulaciones, congelaciones a las manos...). Con todo, los empleados no manifiestan ningún estado de alma.

¡La "parisiense" tenía muchos aires de la capital! De gran tamaño y equipada como una reina con sus accesorios siempre combinados a sus comportamientos, esta mujer de carácter parecía una verdadera parisiense con su pequeño aire altivo. Es necesario decir que trabaja en una tienda de prendas de vestir "al Elegantes". Le gusta la ópera y toma una suscripción a la ópera de Aviñón cada año en que se agrada a ver operetas y escuchar cantantes líricos.

Hija única y huérfana de padre a 4 meses, la "parisiense" vino a unirse con su madre a una su tía maternal a Aviñón. Su padre de Ard2che Léon murió a treinta y uno años. Sus abuelos vienen de Laval de Aurelle, un pequeño lugar de una veintena de habitantes en baja temporada cerca de La Bastide, servida por un único camino pedregoso y sinuoso, en medio de la montaña. Este camino del final del mundo es casi impracticable, ya que los medios de transporte no pueden cruzarse y cuyo precipicio amenaza una pendiente ultrarrápida si la atención de la carretera no es constante. Hay lo más a menudo posible para encontrar a su familia, cuyo su primo Jean, campesino con quien tiene mucho afecto. Jean tiene los ojos gobios. Es casi único: un ojo azul y la otra castaña, con su acento de Ardeche pronunciado que rueda los "r" y su fuerte risa. Tendrá seis niños con IDA, más joven que él.

Desde su más joven edad, Andrée soñaba tener a una familia numerosa. Pero su matrimonio con Charles no la colmó completamente ya que varias falsas capas la privaron de esta felicidad ya que su sangre es de macaco "O" negativo. Claude ha llegado, diez años después de su matrimonio el 23 de septiembre de 1940. Es el único niño, un niño estropeado. Posee todo esto cuyos desea. Con todo, no tiene la mirada atenta de sus padres que trabajan duro. A quince años, Claude circula sobre su vespa negra flamante. Atrae las miradas. Agrada a las muchachas de su edad. Se asemeja al protagonista Alain Delon, marrón a los ojos marrones, finos y delgados, hace volcar las cabezas de las muchachas.

La escuela y el órgano colegiado son separados para las muchachas y los muchachos. Ya que, además de los cursos de escuela separadas, las muchachas van al órgano colegiado público de muchachas Joseph Vernet para a continuación seguir al colegio Théodore Aubanel. En cuanto a los muchachos, la escuela de los hermanos es calle de Annannelle, cerca de la puerta Santo Dominique. Algunos sacerdotes tienen los edificios son antiguos, situados en los alrededores de la Ródano y que évertuent a enseñar a nuestros niños a las buenas maneras, educarlos dándoles prueba al mismo tiempo una dedicación eterna.

El órgano colegiado Joseph Vernet está constituido por varios cuerpos de edificios con un tribunal central. Un gran pórtico en madera abre el acceso a los alumnos y a los edificios administrativos. En el fondo del tribunal, las salas de clase se distribuyen sobre varios pisos en un edificio así como a la derecha, en un segundo.

El colegio Théodore Aubanel es un gran edificio con dos pisos. Los pasillos son amplios y de una altura que incita a la calma. Es objeto de recovecos misterioso. Un túnel subterráneo a la planta baja, detrás de una puerta bajo la escalera central, ameno hacia un destino valoración en el centro de la ciudad: el palacio de los Papas. Una bonita terraza sobre los techos cubre la alta parte del edificio y un pequeño tribunal interior alberga el acceso a las habitaciones de las hermanas. Solos algunos privilegiados tienen el acceso a esta "fortaleza".

Al sótano, se hicieron algunos descubrimientos asombrosos según algunas lenguas bien colgadas: numerosos fetos depositados incluso el suelo se habría ocultado al refugio de las miradas. ¡Misterios que conviene guardar secreto!

PARTE IV

La renovación

1952: la vuelta de Francia

Es en 1952, por un espléndido día soleado, que la vuelta de Francia cruzó nuestra bonita ciudad de Aviñón. Corredores eméritos, ciclistas expertos enarbolan los colores de sus equipos y sudan de las gotas tan grandes que piedras sobre su frente que transpira. Cruzan el puente suspendido, con una breve mirada sobre el paisaje que no pasa de moda que ofrecen la Ródano y las defensas de la ciudad, con en fondo el puente de Aviñón y el palacio de los Papas. Estábamos sobre la acera en madera del puente suspendido para fomentarlos a su paso.

Ese año, el calor es tremendo en verano. Las cigarras reanudan en corazón, en un estruendo ensordecedor, su arrugamiento de alas a partir de 25°, de día como noche, y a lo sumo muy del calor, llamando a la hembra a bonitas promesas. El verano se instala, en esta magnífica esquina privilegiada del sur de Francia, en nuestra Provence adorada, dónde el sol brilla al año tres ciento días. El calor nos abruma y nos impulsa a proteger nuestras casas del sol.

Aspectos en falleba por ci, ventanas entornadas allá, o de las sillas bajo los plátanos nos esperan para el descanso, o también jugadores de bolos hacen crujir sus utensilios de una música afilada al compás de la parte mezclada de exclamaciones humanas u otros tintineos de vasos de anisado… tanto de escenas provenzales que hacen la felicidad de los residentes y turistas.

Invierno 56: Los caprichos del tiempo

El invierno 56 fue uno del el más duro de memoria ancestral. En enero, el frío helado congeló todos los cultivos, difundiendo los arbustos y otras plantaciones. El termómetro no detenía constatar muy bajas temperaturas: ¡hasta menos 15° a este principio de año! Se congela la Ródano. Los olivares, que con todo son árboles robustos y casi invulnerables, no fueron ahorrados por la helada. La gente terraient en ellos. La nieve, el hielo y el viento helado cubrieron nuestra bonita región así como toda la Francia de una ropa muy blanca. Nos creemos transportados en otro mundo donde el silencio que pesaba acompañaba el viento que silbaba una melodía casi mortuoria. Es cierto que de numeroso sin-refugio sufrieron este golpe de suerte. Se crearon algunas viviendas improvisada en los ayuntamientos. La sopa popular se distribuyó gracias al apoyo de voluntarios. El período se vivió como apocalíptico e irreal.

Aviñón revive incansablemente los caprichos de la Ródano con sus crecidas notables en el otoño 1900 y 1907, en enero de 1928, en noviembre de 1935, de 1944,1951 y octubre de 1958.

1956: Las vacaciones pagadas

En 1956, el Gobierno concede una semana de vacaciones pagadas: destino el mar mediterráneo y el Grau de Rey, ciudad balnearia gardoise que vio su multitud aumentar considerablemente en verano. Elegimos más concretamente Carnon, larga amplitud de arena a lo largo de la vía de carreteras, en borde de mar, con dunas.

Mi yerno, Louis, tiene manos en oro. Construyó para toda su familia un refugio arreglado con un refuerzo en madera y de las telas para colocar en julio y en agosto los niños, mi hija Louise y yo mismo. Tenemos la oportunidad de vivir dos meses los pies en el agua, sobre la gama y en familia. El camping libre sobre la gama todo el verano es en adelante nuestra "afición" y el primero de una larga serie. Juegos, baños, el aire marino, golpes de sol, risas, cantos, la arena caliente, el mar, el cielo azul, el calor obstruyendo, lo cocina sobre un camping gas… bajo el sonido de la radio y de las melodías de Charles Trenet, Brassens, Aznavour, Edith Piaf o Barbara, toda una letanía de buenos momentos para olvidar nuestro diario.

Cada año se reservaba nuestro sitio. Encontrábamos con mucho gusto a nuestros vecinos para largos debates, juegos improvisados o aperitivos detonantes. Realmente, esperábamos estas vacaciones con un entusiasmo inigualable en este marco idílico los pies en el agua, que mucho envidiosos nos envidiaban. Dos meses que se los ofrecen a jornada completa gracias a nuestras disponibilidades: jubilada y al oficio de profesor de mi hija Louise, y aún a juventud mis nietos, Jean y Marie. Los adolescentes, respectivamente diecinueve y quince años, se divierten locamente sobre la gama. Sus tardes entre jóvenes de su edad eran marcadas de grandes carcajadas.

Todos los fines de semana, mi yerno se nosotros unía con Jean. Jean, eligió trabajar con su padre, carpintero, en el taller familiar. Sólo tiene pocas vacaciones pero aprovecha de los fines de semana al mar. De vez en cuando, con sus amigos, se volvían en bicicleta en las dos horas para tomar un baño y recorrían un centenar de kilómetros. Por un bonito día de primavera, al enfoque de este paseo, estalló yendo a buscar el pan. Pero su deseo de tomar un baño era más fuerte que todo. Hizo con un tubo de riego, una cámara de aire. Manitas a sus horas, supo manejar su imaginación y la práctica al servicio de sus ocios.

Con todo, bien más allá de la amplitud azul de la costa gardoise, él soñado con viajes. Tiene el alma de un trotamundos. Uno de sus mejores amigos es yugoslavo. Proyecta ir con él hacia estas regiones alejadas para ver del país.

Jean viaja inicialmente solo luego con su hermana y surca Italia, Alemania, Suiza, Austria y Yugoslavia los años que siguieron, un descubrimiento geográfico enriquecedor para estos jóvenes almas.

Generalmente, los domingos se consagran al pasean a los alrededores. Algunos se vuelven a la cabañita a bordo de Durance, cuando otros se dirigen hacia el Mazet de paso el puente. En lo que nos concierne, bordeamos la Ródano cuando el Mistral nos deja tranquilo. Sanea el aire pero ha también un viento helado que cruza todos nuestras prendas de vestir de una fuerza que se acerca a menudo a los noventa kilómetros por hora generalmente por ciclo de uno, tres, seis o nueve días. Luego, acogemos su silencio con felicidad. Para otros, el los sábados por la noche se consagraba al baile con el permiso de medianoche o el cine el los domingos por la tarde para una apertura cultural y una mirada benévola sobre el mundo que nos rodea. Era la ocasión de encuentros y divisiones para la juventud despreocupada.

1960: servicio militar de Claude

En agosto de 1960, Claude integra el Ejército del Aire y el cuerpo de los paracaidistas. Estará con su amiga Momond a las escuchas a Méchéria en Argelia luego a Oran después del push. La guerra de Argelia para su independencia tiene lugar. ¡Veintidós meses de ejército forjan a un hombre sin permiso y aumentan el vacío, la ausencia! Su vuelta en septiembre de 1962 fue un momento de presión y alivio. Rechazar la tierra de sus antepasados, encontrar el suyo y su querida, revisar los lugares conocidos, experimentar los olores casi olvidados después de este largo viaje y olvidar estos largos meses de exilio, heridas, sufrimiento, horror, falta... Enflaquecido y aliviado, libre por fin de vivir en plena libertad sobre la tierra de sus antepasados. Por esta exaltación y reencuentros, un pequeño ser surge...

El 16 de abril de 1963: Matrimonio de Marie y Claude

Después de un matrimonio arreglado y organizado en la precipitación por la bonita familia, el 16 de abril de 1963, los niños se casaban en justa boda sin pintura ni astucia. En efecto, Marie, natural, que mi llevaba "se escupe", sin maquillaje se asemeja a un grabado de método. Un bonito coche negro lo esperaba en estos momentos mover.

El ayuntamiento de Aviñón sella su amor. La iglesia del Carmes acogió la celebración religiosa de matrimonio. La recepción al restaurante Beauséjour a Villeneuve-lès-Avignon a las trece horas contaba con cerca de treinta huéspedes.

El 4 de octubre de 1963 : nacimiento de Luc, nuestra primer parte pequeño hijo

Nace Luc el 4 de octubre de 1963. Es el retrato escupido de su padre.

Grandes dificultades para colocarse debido a la llegada de los inmigrantes italianos impiden los jóvenes pares liberarse de la influencia de sus padres y vivir en total intimidad. Marie pues no escapó a esta escasez. El "novis" se domiciliaron en la residencia secundaria enarbolada de alrededor tres mil de metros cuadrados de sus suegros sobre las alturas de Villeneuve-lès-Avignon, a Bellevue. Este pequeño municipio cardinalice es la pequeña hermana de Aviñón, separado por la Ródano. Sobre todo está habitada en su centro histórico rico de un patrimonio histórico con una bonita iglesia gótica, el muy Santo André y la Cartuja. Una calle principal, lo cocea de la República cruza la ciudad de parte en parte. Dos lugares, la primera en su centro, rodeada con comercios y con el cuartel de bomberos y próximo al hotel de ciudad; el segundo, a la entrada principal de la ciudad, el lugar del mercado, nombrado coloca a Charles David. A bordo de la Ródano, la vuelta Philippe el Bonito trono cerca de la ribera, orgullosa mostrarse a sus queridos vecinos aviñoneses. La ciudad tiene muchos encanta. Es pacífica y tranquila.

Cada fin de semana, los "pequeños" deben compartir el chalet construido por Charles, albañil, una bonita pequeña casa al enlucido amarillo color enarena cubierto por su parte con ayuda de ramas de cipreses. Incluye dos habitaciones, cocina y comedor con chimenea de ángulo en mármol roja y un gran garaje. Numerosos olivares confinan la propiedad, granaderos corren a lo largo del año central servido por un gran pórtico a doble marcos en hierro anticuado, los árboles frutales, ciruelos, almendro, higueras, cerezo, tilos, y arbustos de ornamento como una inmensa glicina bordea la obra, al refugio del tilo, un seringa a flores dobles blancas, de las flores en cantidad en la tierra o en potes como geranios, plantas de suegra, margaritas, azafranes y plantas grasas. Charles perdido cavó un pequeño pozo en piedras del país, profundo de dieciocho metros a manos desnudas durante varios años a tiempo. La capa freática lo abastece de manera continua. Con ayuda de un cubo establecido a una cuerda a través de un anillo negro y de un arco reforzado, dibuja su agua manualmente para regar todas las plantas. Los dos tilos de la propiedad permiten una sombra natural delante de la casa y se abren gratuitamente por sus raíces muy cerca del pozo. La primavera aporta teclas de colores sobre fondo de vegetación verde. Colores fríos (en una gama de verde) a los colores calientes (rojos, amarillos y púrpuras) marcados por puntas desparramadas de blanco hacen la paleta que dibuja este formidable cuadro provenzal campesino aureolado de insectos, mariposas y pájaros coloreados.

A pérdida de vista, de las tierras pedregosas, un castillo y una pequeña montaña. Esta gran parcela se adquirió "al vuelo", método de venta por el chorro de una grande piedra a las cuatro esquinas de la propiedad así adquirida. ¡Los hombres a los músculos desarrollados tienen naturalmente más oportunidad de adquirir inmensos terrenos! Es sano y los vecinos poco numerosos. El vecino posee también un chalet en una gran propiedad establecida de hileras de albaricoqueros que lindan por el oeste el "del pequeños".

La cohabitación con sus suegros no fue cosa fácil para mi pobre Marie que sufría de pleno látigo los celos de su suegra "de robar" su único hijo. Le quitó la estrella. Su hijo piensa en adelante en la otra mujer, joven y bonita, bien educada, y construye sabiamente a su propia familia. La parisiense, de quería imponer su manera de vivir y ver las cosas: poner la tabla según sus criterios de horario y organización, la ayuda material y personal, las normas de vida en familia y sobre todo el papel de una mujer a la casa sin oportunidad de evadirse en ciudad.

De dificultades en rigidez, de minucia en perfeccionismo, esta vida de familia es la imagen un tanto diferente de felicidad que se hacía. Es necesario decir que huérfana de padre, la parisiense sustituyó al papel del padre para su madre desde su más joven edad. A sus cuatro meses, se da la vuelta a su madre en Ardèche luego se unió a su hermana en Aviñón. Entonces se forjó un caparazón para soportar la viudez de su madre y la mirada extraña de los otro ante su hogar de "muchacha-madre". La rabia del rechazo, la exclusión, el sentimiento de pegarse para llegar, de esta voluntad de salirse, de ser como todo el mundo, su barca y salir del sola agua para "dejarlos pasmado todos". Esta conquistada voluntad de hierro, es una mujer de carácter. Su estatura impone. Su mirada que taladra inmoviliza. Su voz paraliza. Cuando su humor está en Berna, acumula las contrariedades con su ambiente. Con todo, puede ser encantadora, agradable y sonréiendo cuando aprecia a su interlocutor. Su hijo lo llama "bola" a causa de sus redondeces y supera sus humores cambiantes. Se divierte. Es muy guasón y bromeó con ella. Tiene algunos kilos en demasiado, de las caderas amplias, un vientre redondo y un pecho generoso.

Luego, un apartamento con terraza cocea a Thiers en Aviñón se liberó, al cuarto piso sin ascensor. El joven par puede en adelante tomar su despegue con su bebé. Marie, profesora sustituyendo recorre la ciudad a solex, se está como invierno. Para facilitar los desplazamientos, favorece los pantalones. Ahora bien, una ley obliga a las mujeres a llevar faldas. Una mañana de invierno, fresca y lluviosa, su director de colegio lo esperaba para hacerle una revocación a la ley y pedirle ya no llevar pantalones. Las normas son aún estrictas y un tanto anticuadas. Marie se realiza a partir del día siguiente. En cuanto a Claude, trabaja en la empresa familiar, rue Carreterie, separada por la rue Guillaume Puy. El acceso se hace por la puerta Saint-Lazare y va directamente en el centro de la ciudad, y al ayuntamiento. Ha maniobra y conoce poco a poco todos los mecanismos del oficio gracias a su padre, un grande hombre y suave que tiene una bonita cabellera flexible.

El 16 de marzo de 1965: nacimiento de Charlotte, nuestra primera posterior niña

Tiene una bonita carita con cabello marrón. Su hermano mayor de dieciocho meses muy que remueven acoge a su hermana con la insignificante esperanza de jugar a los coches y al vaquero juntos. Louise, mi hija seguida siendo soltera será su madrina.

Es un niño tranquilo y muy sabio. En su cuna, duerme detenidamente sin ser obstruida por las palabrerías de los adultos. Contrariamente a su hermano con una energía loca, se asemeja tanto a un bonito bebé ella duerme pacíficamente.

Primavera 1968: matrimonio de Jean y Béatrice

Esta primavera del año 1968, Jean, se casa a treinta y dos años con Béatrice, de cuatro años su menor. Se conocieron al patrocinio.

Béatrice, pequeña mujer marrón a catalejos con un corte al cuadrado es llenas de energía y sacrificada que conoció el drama de la separación parental y a la familia recompuesta después de la muerte de su madre. Es la mayor de una hermandad de cuatro niños (dos hermanastras y un hermanastro). Con Jean, encuentra a una familia dejando la costa azul, cerca de Mónaco para encontrar la Ródano y su valle ventée. Van a invertir un terreno que pertenece a su padre al pie de la vía férrea, en el barrio de la Sinagoga. Una bonita casa a pisos va a ver el día de aquí a algunos meses en colaboración con Claude y a la empresa familiar.

Momentáneamente, van a colocar en una de las casitas de la ciudad Dama que pertenecen a mi yerno, en la primera casa de la ciudad, al primer piso.

El matrimonio tiene lugar al día bonito soleado sobre la Costa Azul a Roquebrune-Cap-Martin en los Alpes marítimos, a algunos pasos de Mónaco. Sus treinta centímetros de divergencia y el tamaño longilíneo de Jean acentúan este desfase para formar un joven par original. ¿Se no dice que los contrarios se atraen?

Los padres de Claude lo liberaron para la ocasión de todas sus obligaciones profesionales en final de mañana solamente. Cima de desgracia, ya apremiada para llegar a la hora, su Austin, espléndido pequeño coche de color negro, estalla en camino sobre la carretera de la Costa. Su retraso se señaló. La inquietud creciente invade la asamblea pero la ceremonia se desarrolla el lo más simplemente posible del mundo. Cuando el abad oficializa a la unión, Claude hecho su entrada en la iglesia, por fin.

Por su unión, nacerán tres hijos. ¿Seguramente no encontraron el ingreso para tener a una muchacha?

PARTE V

Un tesoro quitado el polvo

¡Una tarea de tinta sobre un cuaderno!

Una pequeña tarea de tinta negra a volutas dormida sobre una página amarilleada de un cuaderno. Parece despertar el despegue de una mariposa… con alas ampliada bicolores, ligeras y abigarrada de una negra gama y profunda. La tinta de China utilizada se colocó sin cuidado, al vuelo… seguramente un error de curso… o más probable por atolondramiento. Hace un vínculo con el pasado, como para suscitar el deseo y el pasar a ser. Pequeña tarea de tinta negra se volverá grande… ella puntúa el final de un tiempo. Encierra sus riquezas. Domestica al lector. Despierta el deseo. Suscita el entusiasmo. Da la esperanza. ¡Es mágica! Ya que esta pequeña tarea hechicera se duerme sobre papel amarilleado, reflejo a la vez de tiempo que pasa y de la impresión del tiempo. Sobre un cuaderno de colegial flexible de ciento páginas, a grandes cuadrados, a la cobertura coloreada de un azul claro casi pasado, hace lo bonito rodeada de cartas calligraphiées, purificadas y milimetradas.

Es el guión entre mi saga familiar y la muchacha que estoy,

de la cumbre de mis diez años. Me llamo a Charlotte y descubro con felicidad las palabras acostadas de una gracia majestuosa en el diario íntimo de mi bisabuela, Joséphine que llamaba tiernamente "Mamet". Quiso transmitirnos discretamente y de manera indeleble toda nuestra historia familiar, esta riqueza infinita trans générationnelle, silenciosa, latente, ocultada o probada que trastorna las generaciones descendentes impregnadas por su tejido intrínseco. Tengo el deber y la pasión de hacerla vivir.

Esta generosidad es el verdadero tesoro de mi juventud. En efecto, tuve la oportunidad de subir sola en el granero de la gran casa familiar maternal en el cual hice este formidable descubrimiento, un día en que se aburría, en esta primavera del año 1975. En el pasillo, una puerta que se abre nunca y una subida vertiginosa hacia cumbres desconocidas. El acceso vacilante a la escalera en madera inclinada y muy tiesa con una vuelta a la izquierda me deja descubrir otro mundo. ¡Cuál no fue mi sorpresa! Un inmenso granero abuhardillado a la armadura de madera, a la luz tamizada, polvorienta y amontonada de grandes portaequipajes, maletas, herramientas gastadas y anticuadas de carpintería y toda clase de cartones cubiertos al suelo. A la entrada de la parte, vacilante, reduzco el pestillo mural blanco para encenderse. Una pequeña bombilla colgada a un hilo trono en su centro al límite máximo y da algunas señales de debilidad en su centelleo irregular. Abro los ojos de par en par mis ojos que recogen el ambiente, el silencio, los secretos y los olores de madera y polvo. Soy maravillado por tanto sorpresas que deben descubrirse. Y soy preocupo de ser descubierto por mi madre continuamente pero mi curiosidad es bien más fuerte aún. ...

Mis suelas como se clavan al suelo delante de un gran portaequipajes marrón antiguo. Mis ojos se abren los ojos de par en par y codiciosos. Mi boca entre es abierta para comprender mejor la sorpresa. Mis manos son que tiemblan. Tímidamente, lo abro. Descubro un viejo estuche de costura de color gris en de tejido grueso que perteneció a Mamet. Contiene, en un estado de precaución, un centímetro, imperdibles, y agujas en gran número importante, de tamaños diferentes que debieron servir para hacer las ropas de toda la familia, guardados las unas junto a los otro con una infinita precisión. Un traje de novia doblado cuidadosamente en un paño, bordado J.E en cartas de oro, que siente bien la lavanda. ¡Yo soñado llevarlo para disfrazarme! Es muy bonita. Las mangas convexas y aguardientes sobre un bustier atado blanco cosido a una larga falda derecha. Se depositó una fotografía amarilleada de los casados, testimonio inevitable de un pasado feliz, allí, en referencia a un día cumplida de emoción, como para no olvidar.

Se me se apresura de hacer otros descubrimientos. Me atiendo a levantar decenas de libros amarilleados de lectura para niños, de las historias conocidas del Pequeño Príncipe o la biblioteca rosada o también de las BD para muchachos. Algunos juguetes en madera en una caja metálica descansan sabiamente. Un gran bebé en plástico rígido al cabello marrón coloreado, al cuerpo rígido y a los grandes ojos marrón que se vuelven a cerrar en posición horizontal me observa tímidamente. Tiene el aire de aprobar mi escapada, rompiendo su silencio y su vida monacal. Creo detectar una ligera sonrisa…

Descubro un maletín de joyas abandonadas al desgaste del tiempo. Un largo cuello roto con botones subidos sobre un cordón negro, una pulsera en esmalte azul y roja, un viejo reloj a la pulsera torcido… Debieron compartir bonitos momentos de vida. Luego, mis ojos se retrasan sobre todas las clases de herramientas metálicas usadas colocadas incluso el suelo, de los montones de madera, de las virutas de madera en un barril en cartón grueso marrón y un delantal azul para proteger del polvo las ropas de mi abuelo carpintero trabajando, así como una decena de largos lápices grises amplio biselados de color rojo que señalan la madera a maravilla y de las tijeras para madera. Portaequipajes, unas contra otros y maletas de color negro ocultan ciertamente ropas, postales de viajes y recuerdos comunes. Algunos muebles depositados en una esquina parecen dar vida a esta parte generosa: un secretario superado de numerosos cajones de pequeño tamaño, una tabla de noche polvorienta y su lámpara, un colchón cubierto de paños blancos en lino haciendo oficina de protección contra los ataques exteriores.

Un grande sillón de cuero de cuero marrón officie en medio de la parte, exactamente debajo de la ventana de techo, casi completamente cubierto de un alegato rojo a cuadrados gruesos. Me instalo. Me acoge confortablemente con mi "tesoro". Paso algunas horas arrollada en su corazón que debe descubrirse la historia familiar, al compás de las páginas amarilleadas, guía de la risa a las lágrimas. La última página vuelta a cerrar de esta recopilación me deja un gusto azucarado. En efecto, esta saga familiar rica en repercusiones hace pensar que vínculos familiares se construyen al compás de las generaciones a la imagen de un ovillo de lana. Coger el buen final de la bola, y hacer enmarañar los tiempos, las generaciones delante de escenas míticas al relieve complicado; toda la evolución de nuestra saga de mujeres provenzales sacrificadas y fieles a su pasado y a su región.

¡Soy rico! Rico de un pasado que se lo revela. Rico de un

pasado que debe transmitirse. Rico de tener una historia familiar. ¡Se me colma! Feliz de tener esta bonita familia. Feliz de vivir y descubrir. Feliz de experimentar las epopeyas. Feliz de poseer la abundancia del relato. Decido mientras que mi vida tomará un cambio de dirección importante en adelante, vinculada por mi "tesoro" a nunca. A diez años, me prometo tomar la consecuencia de Mamet para durar nuestra saga. Materializaré y alma para decir y confiar sobre papel brillante los momentos importantes de nuestra familia. El pasado no se encuentra ya que la memoria olvidada se esfuma de generación en generación. Soy pues la guardiana de nuestra historia. Tengo la generosidad y el deber de hacerla vivir y de transmitirla.

Orgulloso de mi hallazgo adolescente, transmito hoy el testimonio de mi bisabuela, mi pequeña estrella de Provence, a través de este libro en algunos extractos de su diario íntimo que me parecen describir lo mejor posible el ambiente y la epopeya familiar, a través de un tiempo pasado.

PARTE VI

La fuente de las edades

La saga familiar

Los años han pasado, bien demasiado deprisa.

Soy el retrato de mis abuelas. Esta herencia diaria no me deja indiferente. Tengo la finura de mi abuela maternal por su esqueleto fino y delgado que me dan un eterno paso de muchacha. Tengo una parte de la cara de mi abuela paternal por su gran frente y sus ojos de color marrón en almendra, su cabellera gruesa y flexible rubia oscuro, su bonito tamaño, su planteamiento y su paso distinguido. Soy el fruto de esta herencia, una rama de más en este árbol trans générationnel, a la imagen de una fuente que no deja de pasar sin reducirse.

Hermandad de cuatro niños, soy rodeado por mis tres hermanos. Es el menor a la vez de la familia y el mayor de dos jóvenes hermanos llegados en el hogar diez y trece años después de mi nacimiento, renovación de puesta los panales y capas calzones para mis padres al enfoque de la cuarentena. Navego en un medio masculino con mis tres hermanos y mis tres primos. Sólo "pisseuse" de la familia, como lo diría mi padre, paso horas aisladas y femeninas rodeada de mis muñecas.

A la cuarentena, concreto mi compromiso inocente de muchacha, el de transmisión de mi saga familiar, testigo enlace que guiará a mis descendientes.

Me recuerdo la atención se referida por las mujeres a mi pequeño ser hasta que mi memoria pueda remontar. Tengo el recuerdo de ancianos en torno mi hermano y mi, mujeres tranquilas, cuyo silencio pesando, dejaba traslucir un sentimiento de espera, una conciencia, una renuncia, una resiliencia ejemplar. Sin medio de locomoción, mi bisabuela maternal y mi madrina quien llamaba "Tatan" no salían. Se debe el envejecimiento en la soledad y el encerramiento, incluso a la esquina del fuego, en sí, ante la televisión. Después del casamiento de mi abuelo a la edad de setenta años con una mujer, madre de una joven mujer que deseaba que reconozca, habían debido alquilar un pequeño alojamiento contiguo que incluía una habitación con una cama en ciento veinte centímetros de amplio abierta sobre la cocina y una pequeña terraza sobre los techos.

Su nuevo capullo entre madre y muchacha les servía hasta cierto punto de prisión ya que sólo salían para hacer su curso en frente de en ella. De una casa con habitación independiente a un P1, aceptaron este nuevo golpe de suerte. Después de la muerte de Mamet a la edad de noventa y uno años, Tatan sentía este vacío inmenso, los años, el problema, la soledad, el silencio y su peso pesar, enmarañar las horas al cuadrante, el tiempo no terminaba. Una única mirada a su sufrimiento ofrecía un sol a su día pasado detrás de los cuadrados amarilleados, apertura fieltrada sobre la vida, solos testigos de sus lamentos. Perlas cristal pasaban a evaporarse a los huecos de sus características extraídas y ondulados, vaho latente o niebla gruesa se formaban en rodillos alados para desmayarse en ola de espuma sumergida por sus pensamientos. Luego inquietar el gollete opaco un líquido dorado de las islas, camarada y secreto mal guardado, Tatan sobrestima sobre imágenes envejecidas de una memoria usada, pesares, remordimiento y duros golpe mezclados, con el deseo de sobrepasar el azules de la vida. Seguramente que el vistazo echado su juventud, su falta de niño y su aislamiento acentuaban en silencio su gusto inmoderado para el azucarado. A cada salida de escuela, me volvía con mi madre en ellas, en su hogar para verlos dónde se acogían siempre con la sonrisa.

Me acuerdo este día de primavera en que, sentada sobre su cama, hacía frente al armario cuyo hielo me reflejaba. Percibía a mi madre en el ángulo. Me divertía sabiamente y escuchaba su conversación discretamente. A la cuestión sobre mi paso en clasifica curso medio segundo año (alumnos de 10 años), mi madre, profesora al classifica curso preparatorio (alumnos de 6 años) en mi escuela, sacud la cabeza de un sí garantizado y supe mientras que había trabajado bien. Hice estallar mi alegría y mi descubrimiento sobre fondo de hielo cómplice. Este gran hielo la siguió durante toda mi adolescencia y fue mi cómplice secreto de mis esperanzas y mis dudas, de mis alegrías y mis dolores, de mis puestas en belleza, de mis risas y mis lágrimas, de mis actividades escolares, mis dibujos, mis juegos, de mis cantos... Este compromiso indefectible y tranquilizando al reflejo sí, doble infalible y gemelo de corazón en el único vínculo con un espejo me sigue aún hoy.

A menudo, combinamos comprar en el pequeño tendero de en frente de los yogures a la unidad a los gustos con sabor a fruta o traer las consignas de las botellas en vidrio de Tatan. Los cambios de consumo sufrieron una evolución fulgurante por la aparición de los supermercados e hipermercados, la de la gran distribución en los años 70. Nuestro paseo diario los sábados después de la escuela en dirección del Bouches-du-Rhône hacia el primer hipermercado de la región a Vitrolles eran una verdadera fiesta familiar. Compartíamos este fabuloso momento con un par de amigos a la jubilación cuyo marido trabajaba en la empresa familiar paternal. ¡Éramos entonces seis - incluidos dos niños en el coche a cinco lugares! ¡Qué felicidad de examinar las avenidas de esta inmensa superficie comercial en la cesta y de almorzar in situ en la bobina! Éramos los reyes. La cesta se llenaba a medida de embalajes plásticos y encajonados en todos los rayos nuestro de transferida. Los alimentos y los artículos tan distintos que variados se ofrecían a la venta a profusión en un único lugar. Cuatro horas pasadas en esta cueva nos permitían llenar dos cestas.

Mi abuelo por su parte terrait siempre en el silencio. Sólo comunicaba a dosis homeopática. Después de la salida de Tatan hacia su último sueño, cada miércoles, venía a compartir nuestro almuerzo luego él se fijaba ante la televisión... o más bien detrás de para jugar su división sobre los botones de la televisión y cambiar, al gran perjuicio de mis jóvenes hermanos, la cadena juventud. En primer lugar con su mujer luego después de su divorcio, solo, y por fin, con su nueva compañera quien se había entrevistado con en viajes con la tercera edad. Me enviaba un bonito postal de los países o regiones visitados: Túnez, la Costa Azul... que recogía. Poco a poco, que envejece, perdió la vista y se encontró al hospicio a noventa años. Ciego, los largos últimos días, el aislamiento, la radio para solo camarada y su gorro para evitar tener frío, lo caricaturizaban en su paso longilíneo de una tristeza desbordante que dejaba parecer.

Incluir a mi edad por fin que su curso de vida difícil y sus numerosos dramas le dieron la fuerza, abandonada a su trabajo, su fuerza fue su resiliencia.

Por mis jóvenes años, guardo en memoria nuestras vacaciones en familia con mis hermanos al esquí donde íbamos a cada una de las pequeñas vacaciones excepto a Noël. Casamos la nieve de mil de maneras: desliza, en bolas, en hielo, en hielos, fundido o helado, en hielo o en placas... La nieve compartió nuestros juegos por muchos años durante el período de invierno. El mar era nuestro objetivo estival en el mes de agosto en que alquilábamos un apartamento sobre paseo marítimo. La gama cubierta de cuerpo reluciente de golpes de sol, biquinis y perlas de agua salada reflejaba un entorpecimiento extremo sobre fondo de arena dorado. Los jóvenes que éramos no realizaban nuestra oportunidad de broncear al sol, y aviones del mal a emplear nuestro tiempo alargados sobre una toalla sin actividad interesante. Algunos años, los juillettistes que éramos nos volábamos hacia destinos campesinos en un inmenso chalet cerca de Suiza para colonias de vacaciones en la frontera Suiza, a Ivoray.

Me acuerdo que íbamos dos días en Ardèche para ver a los primos carnales de mi padre en un municipio llamado Laval de Aurelle, del final de la tierra… imagen simbólica pero tanto realista ya que se sitúa al penúltimo pequeño municipio antes del Ourlette, pueblo de mi bisabuelo paternal a cinco minutos que hace frente a la montaña. Más camino, más ninguna carretera pero de las sendas de montaña para hacer alimentar las ovejas sobre lado de la colina. Campos de castaños muy bien mantenidos y prados a pérdida de vista, una iglesia y el cementerio contiguo, un lugar delante de la plaza con un lavadero donde el agua fresca abastece a los habitantes. Una calle principal con una decena de casas por una y otra parte. ¡El silencio es de oro! Divierte a escuchar el silencio, y rápidamente será obstruidos por la ausencia de ruido y movimiento. Sienta el aire puro y aprenderá a desarrollar su olfato, a inhalar las flores, y la hierba fresca cortada, los animales, vacas, cerdos, ovejas y gallinas… ¡La vida a la campaña es reveladora de olores insospechados para los urbanícolas que somos!

El período del heno en verano suena una de las actividades más fatigantes del año. ¿Armados de rastrillo a amplios dientes en madera, nadie escapa a la recogida de la hierba seca que se hace en familia? Sobre el mismo campo, la limpieza se convierte en un juego a quien terminará el primer sonido esquina de verdor. Luego, los hombres alzan los montones sobre el carro desbordante revestido de una gran tela para mantener todo ello hasta la reserva para su utilización en invierno. Mi padre adolescente pasó numerosas próximas horas en el heno con su prima por ocultarse. Por fin viene la temporada de las castañas en el otoño si el tiempo fue clemente. La variedad de los castaños es el corazón de la calidad del producto. El Combale en Ardèche es valoración muy ya que tiene uno grandes dimensiones. ¡Qué duro trabajo! La recogida al suelo a manos desnudas de los errores, sobres llenados de espinas protectoras de las castañas es un trabajo abrasivo. Los movimientos repetitivos ponen a dura prueba los desarrollan los músculos de la pierna así como la espalda y los brazos. En cuanto al tercer período de los campesinos es el parto de la oveja, donde las ovejas ponen parte baja. Cortados de numerosas horas de sueño, el "padre" de las ovejas vela en amo a la llegada en buena salud de los corderos, de día como noche y asiste a las ovejas a su trabajo si eso lo requiere. ¡Qué consagrado oficio pasionante, extenuando y tanto comunicativo! ¡Sin duda, el pastor que guarda a sus ovejas sobre sus tierras conoce cada una de entre aunque la manada cuenta a dos ciento ovejas!

Su casa a pisos en piedras con un techo de pizarras planas nos acoge cada año. Después de haber pasado un gran pórtico en madera, la entrada pavimentada de grandes piedras abre sobre un tribunal y la puerta del aprisco en frente, encima, un inmenso granero que almacena el heno. Sobre la derecha, la pocilga y una bodega. Una escalera en hormigón trae a la casa de vivienda luego algunas marchas más arriba a la terraza donde una caldera trono en la chimenea exterior para la comida de los cerdos.

A la planta baja de la casa, un gran comedor hace oficina de parte principal con un horno (que sirve de cocina y calefacción) y una inmensa tabla central. Al piso, la parte noche sobre un entarimado se consagra a las cuatro habitaciones con ayuda de una escalera en madera derecha. Las instalaciones sanitarias al turco están exteriormente, en el tribunal, pidiendo prestado la escalera exterior, contigua a la pocilga por una parte y el aprisco del otro.

El velatorio en el comedor rodeados con los niños se termina pronto ya que los primos agricultores trabajan en 5:00 de la mañana para traer pastar las ovejas sobre los campos. El alejamiento de la ciudad obliga a los niños a seguir muy pronto su escolaridad (a partir de la enseñanza primaria) lejos de en ellos y es interno. Dejan el capullo familiar y asumen una determinada independencia a 6 años... La vida a la campaña es dura a todas las edades de la vida.

Gracias a mi abuela paternal, Yaya, frecuenté la ópera donde asistía a operetas. Entonces conocí el interior de un teatro del segundo balcón que me parecía inmensamente bonito y en proporciones gigantescas a través de mis ojos de niño. Me gustaba esta magia de los protagonistas, de los cantos, de los decorados y trajes, todo lo que constituye la escena y que hace brillar el espectáculo. Mi abuelo por su parte permanecía a la casa encerrado sabiamente en su silencio descansado.

A la edad respetuosamente de doce y diez años, nos volvíamos, mi hermano Luc y mí, a la misa dominical a pie a la iglesia del Carmes. Proveídos de paga, paseábamos en el mercado a las pulgas sobre la plaza de la iglesia del Carmes antes de asistir a la misa. Ese domingo, mi hermano mayor, al espíritu siempre guasón y competitivo, había decidido jugar a lo sumo rápido a la casa. A algunos metros del domicilio, fue en un curso loco a través de las callejuelas, creyéndose invencible, tal como empujado por alas, él cruzó repentinamente la cocea y ¡cataplum!... un coche que circulaba, lo encontró violentamente. De una explosión metálica, el choque fue violento. En tierra, herido y ensuqué, mi hermano yacía al suelo. Un traumatismo craneal lo puso K.O varios días. ¡Más por temor a que de mal!

La oportunidad se puso aún por nuestra parte cuando se despertaron una noche mi madre. ¡Nos descubrió cubiertos de hollín! La caldera de nuestro alojamiento de función había dado algunas señales de debilidad. El día siguiente trasladamos sobre el municipio vecino, Villeneuve-lès-Avignon, centro turístico de mis abuelos paternales.

Cuál no fue mi sorpresa estudiando mi historia familiar maternal de crear vínculos familiares históricos fabulosos. ¡Mi deseo irresistible de taladrar los misterios de esta aventura humana es en marcha!

Cifras, lugares, semejanzas… tanto coincidencias que me desafían.

Las cifras de la familia

El cuatro son una cifra que vuelve de nuevo a menudo en los

años clave o el mes de abril (acontecimientos importantes: nacimiento, muerte, matrimonio, edad) y que caracteriza el rigor.

Muy especialmente, la duplicación de la cifra: cuarenta y cuatro que es la edad de mi abuelo maternal al nacimiento de mi madre, de la muerte de mi abuela maternal, de mi madre a la muerte de su padre, de mi abuela paternal a la muerte de su madre, de mi madre en la independencia de mi hermano mayor, de mi edad en un año profesional difícil con seis meses de baja, o también de mi decepción sentimental con mi amor de juventud.

La cifra diez es un vínculo entre dos seres (la diferencia de edad en la hermandad (como el nacimiento de mi abuelo paternal y su hermana, de los hermanos mayores de mi madre, de mi hermano con mí mismo, de mis sobrinos) o también en el par (mi hermano y su compañera), o la edad (el de mi tío Jean a la muerte de su madre (huérfano), de mí mismo al nacimiento de mi joven hermano o la muerte de mi madrina), o el nacimiento del primer niño (mi padre, mi tío) o también la duración (la de los pares de mis jóvenes hermanos).

La cifra treinta y ocho tiene también sus resonancias: edad de mi abuela al nacimiento de mi madre, edad de mi tío al nacimiento de su último hijo, edad de mi madre al nacimiento de mi más joven hermano, mi edad a la concepción de mi hija única. Un deseo, un deseo consciente y una alegría inmensa, un tesoro, una felicidad inigualable de acoger a mi hija Aurora en mi familia, la paleta de un nuevo día, llenado de luz y aureolada de oro. Mi camino de vida será en adelante diferente, una transmisión, una educación y toda la atención prestada de una madre a su niño su vida durante.

Tópicos

El universo de mi familia maternal es teñido por el Mistral y la ciudad papal intramuros o sus accesos inmediatos, cerca del lugar del Carmes donde se crea la iglesia del Carmes que compartió tanto acontecimientos familiares.

Sus calles perpendiculares, cuna de nuestra familia, cruzaron los siglos: calle de las enfermeras (vivienda de antepasados), rue Carreterie (empresa familiar), cocea a Thiers (mi infancia), rue Georges Taulier (vivienda abuelos paternales y de mi hermano), cocea Punto (partes abuelos: Mamet), o también cocea de los baños próxima a Notre Dame del Doms (arrière-arrière-grand-mère) y calle de la Mons próxima al palacio de los Papas (arrière-arrière-grand-père) y por fin avenida de la Sinagoga (abuelos maternales), extramuros, muy cerca de la puerta St Lazare.

¿Cómo explicar que mi primer empleo estuvo en una sociedad civil profesional de Alguaciles cocee Punto, (en la calle donde vivían mis partes abuelos) al lugar mismo dónde lo arramble con tuvo lugar en 1944 en el edificio de un resistente, sastre de oficio, como mi bisabuelo?

¿Lo que decir debido a que trabajo en la calle que la vio nacer, y al lugar mismo del encuentro profesional y enamorado de mis arrière-grands-parents maternales al final del Siglo XIX siglo?

¿Y que decir de la oportunidad de colocarme a tres minutos de esta famosa calle después de treinta y cinco años de exilio sobre el municipio vecino gardoise? ¿Y de mis encuentros médicos cocea Bertrand, alojamiento de mis arrières-arrières abuelos o cocea Ste Catalina, el de mi abuela joven?

Mis raíces se acuerdan y se acuerdan a su recuerdo... reflejos del espejo... guindilla de una vida triturada a lo largo de los años... chispas mágicas... toman atajos para hacer frente a la modernidad.

Semejanzas

Debo deplorar el número de muerte y lutos en la familia, los huérfanos y los abandonos son de hábito, al igual que los miedos y los rechazos. El miedo de la muerte (de un niño o de un adulto) devuelve a la soledad, la soledad como una fortaleza para protegerse del posible abandono. Soledad voluntaria o forzada... ¡Conquistar su libertad! ¿A qué precio? No hay matrimonio por mi generación, familia recompuesta o celibato, sacrificio. Y el círculo infernal del abandono para los nuevos nacidos, frutas de una unión no aún madura. Estas rupturas de vida permanecen afianzadas de generación en generación, en silencio, transmisión invisible y sorda pero con todo tan presente.

El estudio de los nombres es revelador de la incidencia principal sobre los estar en cuanto al homenaje vuelto a un difunto sobre una nueva generación o el orgullo llevar su nombre que dista mucho de ser anodino sobre los niños que deben nacerse, portadores a pesar suyo del peso de la historia familiar. Para ejemplo, Jean está en vínculo con una muerte, es solitario y poco comunicativo, sentimiento de corte con el mental y el corporal y de dar al árbol un hijo liberador. En cuanto a Marie significa oferta, pureza y humildad o también Jean es capaz de tomar decisiones para el resto de la familia y sustituye al padre, o Claude, podría indicar cojear. ¡Que decir entonces nombres recogidos de generación en generación como de costumbre transmitidos por el vínculo del patrocinio, mi primer nombre y el mismo que Mamet (su segundo nombre), mi pequeña estrella de

Provence y mi tercer nombre que el de mi abuela maternal y también quien mi padrino y madrina! Se lanzan, se establecen y bien se atan algunos bejucos.

El estudio sobre la vida profesional es fuente de semejanza en las dos ramas familiares. ¿Asombrando de constatar que el hecho de seguir los rastros de sus abuelos llaman una elección de vida o corazón?

La memoria corporal es un captador sensorio que prueba la filiación. Además de las enfermedades psicosomáticas que podrían percibirse más fácilmente desde el XXIe siglo, las enfermedades de la piel y los desordenes impacientes familiares esquematizan el inconsciente bajo vela grisácea.

El símbolo del árbol de vida

Es interesante examinar todos los vínculos que pueden crearse y explicarse, de hacer aproximaciones y constatar que cada miembro del árbol genealógico es portador de la historia familiar, cada uno es un crecimiento que conocerá, con la misma semilla, un destino similar: la falta y la ausencia. Estos vínculos invisibles que tejieron una tela sutilmente grabadas por bejucos que encarcelan este árbol cuyo destino pretende romperlos y a evolucionar hacia una claridad del camino de vida. Los vínculos familiares son lazos de sangre y por lo tanto vínculos con la Vida. Por estas pesadas pruebas, el silencio es de oro. No hay denuncia, no hay remordimientos. Exactamente el recuerdo ocultado en el fondo de mi corazón y el homenaje a mis abuelos de existir. ¡Colmada por este simbólico de transmisión trans générationnelle, la fuerza de nuestros antepasados está en nosotros, a lo sumo profundo nosotros!

Cada árbol tiene su historia. Es único. El trabajo sobre nuestro pasado es simbólico y permite encontrar la unidad y el sentido para abrir la puerta de los secretos. Vuelve visible el invisible. Es un acto de amor. Nuestro trabajo consiste entonces en puntuar nuestra existencia. ¡Así va la vida!

Conclusión

El desenlace se dibuja como una evidencia: la humanización de cada uno de mis abuelos cuya su riqueza es haber existido, a través de mi filtro de amor. Puse en escena la historia de mi vida, de mi familia. Me apropio mi Historia tal como es, tal como la veo, tal como la experimento, y tal como me lo imagino.

El poder de las palabras reduce el de los males y refuerza su creatividad. "Darse los medios de salir bien al realizar su soñados" tal es mi divisa.

El rebasamiento sí para enfrentar las grisallas de la vida y los golpes de la suerte sin perder la sonrisa, sin proyectar sus Estados de alma sobre otros, con entusiasmo y esperanza para una vida que merece vivirse aporta un sentimiento de plenitud. ¡Vivir al ritmo de sus deseos!

Transmitir su patrimonio familiar es el vínculo indefectible nuestros ascendientes, nuestra promesa no olvidarlos, saber modular a la vez un sentimiento de fidelidad y libertad realizarse, y por fin rendirles homenaje agradeciéndolos todo nuestro corazón haber estado presente a lo largo de nuestro árbol de vida, Olivier provenzal o el roble escultural, símbolo alimenticio, de potencia y abundancia que pasa siempre en nuestras venas.

Hacer revivir la pequeña estrella de Provence guió mi vida, mi costosa estrella majestuosa que centella hoy día aún en el cielo y en el centro de nuestras memorias.

SUMARIO

Bibliographie de Laurence Estienne

<u>FRANCAIS/FRENCH/FRANCESE/FRANCÉS/FRANZÖSISCH/FRANCÊS/HET FRANS</u>

En vente dans toutes les librairies, sur plumissime.fr, cultura.fr amazon.com, fnac.fr, librairienumériquemonaco.com (également en version numérique)

Adieu fibromyalgie ! Comment gagner 20 ans et retrouver une bonne santé 128 pages - ISBN 979-10-95925-00-2

Petite étoile de Provence Roman de 202 pages - ISBN 979-10-95925-02-6

Bas les Masques Roman policier de 200 pages - ISBN 979-10-95925-14-9

Au pays des Maharajahs Roman 8/12 ans 108 pages ISBN 979-10-95925-13-2

Sous l'Océan Conte illustré 8/12 ans 40 pages - ISBN 979-10-95925-01-9

D'Amour et d'Amitié 40 poèmes 100 pages ISBN 979-10-95925-71-2

Books on sale about/Libri in vendita su/Libros en venta sobre/Bücher in Verkauf über/Livros em vendra sobre/Boeken in verkoop over Amazon.com :

Bibliography of Laurence Estienne

<u>ANGLAIS/ENGLISH/INGLESE/INGLÉS/ENGLISCH/INGLÊS/HET ENGELS</u>

Good-Bye fibromyalgia ! How to gain twenty years and to find a good health 128 pages ISBN 979-10-95925-17-0

Small star of Provence - Novel of 202 pages ISBN 979-10-95925-29-3

Low Masks - Detective novel of 200 pages ISBN 979-10-95925-77-4

With the country of the Maharajahs Novel 8/12 years 108 pages ISBN 979-10-95925-32-3

Under the ocean - Illustrated tale 8/12 years 40 pages ISBN 979-10-95925-74-3

Of Love and Friendship 40 Poems 100 pages ISBN 978-2-37725-012-7

Bibliografia di Laurence Estienne

<u>ITALIEN/ITALIAN/ITALIANO/ITALIENER/ITALIANO/ITALIAAN</u>

Addio fibromialgia ! Come guadagnare 20 anni e trovare una buona salute 128 pagine ISBN 979-10-95925-20-0

Piccola stella di Provenza Romanzo di 202 pagine ISBN 979-10-95925-35-4

Fondo le maschere Romanzo poliziesco 200 pagine ISBN 979-10-95925-80-4

Al paese del Maharajahs Romanzo 8/12 anni 108 pagine ISBN 979-10-95925-56-9

Sotto l'Oceano Racconto illustrato 8.1 anni 40 pagine ISBN 979-10-95925-97-2

D'Amore e d'Amicizia 40 poesie di 100 pagine ISBN 978-2-37725-015-8

Bibliografia de Laurence Estienne

<u>ESPAGNOL/SPANISH/SPAGNOLO/ESPAÑOL/SPANIER/ESPANHOL/HET SPAANS</u>

Adiós fibromialgie ! Cómo ganar 20 años y encontrar una buena salud
128 páginas ISBN 979-10-95925-23-1

Pequeña estrella de Provence Novela 202 páginas ISBN 979-10-95925-38-5

Parte baja las Máscaras Novela policiaca 200 páginas ISBN 979-10-95925-83-5

Al país del Maharajahs Novela 8/12 año 108 páginas ISBN 979-10-95925-59-0

Bajo el Océano Cuento illustrado 8/12 años 40 páginas ISBN 978-2-37725-000-4

Amor y Amistad 40 poemas 100 páginas ISBN 978-2-37725-018-9

Bibliografie von Laurence Estienne

<u>ALLEMAND/GERMAN/ALLEMÁN/TEDESCO/DEUTSCHE/ALEMÃO/HET DUITS</u>

Lebewohl fibromyalgie ! Wie **20** Jahre zu gewinnen und eine gute
Gesundheit wiederzufinden 128 Seiten ISBN 979-10-95925-26-2

Kleiner stern von Provence Roman 202 Seiten ISBN 979-10-95925-41-5

Boden die Masken PolizeiRoman von 200 Seiten ISBN 979-10-95925-86-6

Am Land Maharajahs Roman 8/12 Jahre 108 Seiten ISBN 979-10-95925-62-0

Unter dem Ozean Bebilderte Erzählung 8/12 Jahre 40 Seiten ISBN 978-2-37725-003-5

Von Liebe und von Freundschaft 40 Gedichten 100 Seiten ISBN 978-2-37725-021-9

Bibliografia Laurence Estienne

<u>PORTUGAIS/PORTUGUESE/PORTOGHESE/PORTUGUÉS/PORTUGIESE/PORTUGUÊS/PORTUGEE</u>

Adeus fibromyalgie ! Como ganhar **20** anos e reencontrar uma boa
saúde 128 Seiten ISBN 979-10-95925-53-8

Pequena estrella de Provença Novela 202 páginas ISBN 979-10-95925-44-6

Parte inferior as Máscaras Novela policial 200 páginas ISBN 979-10-95925-89-7

Ao pais do Maharajahs Novela 8/12 anos 108 páginas ISBN 979-10-95925-65-1

Sob o Oceano Conto illustrado 8/12 anos 40 páginas ISBN 978-2-37725-006-6

De Amor e Amizade 40 poemas 100 páginas ISBN 978-2-37725-024-0

Bibliografie van Laurence Estienne

<u>NEERLANDAIS/NETHERLANDER/OLANDESE/NEERLANDÉS/NIEDERLÄNDER/NEERLANDÊS/HETNEDERLANDS</u>

Vaarwel fibromyalgie! Hoe **20** jaar winnen en een goede gezondheid
terugvinden 128 bladzjdes ISBN 979-10-95925-50-7

Kleine ster van Provence Roman van 202 bladzjdes ISBN 979-10-95925-47-7

Onderkant de Maskers Politieroman 200 bladzjdes ISBN 979-10-95925-92-7

Aan het land van Maharajahs Roman 8/12 jaar 108 bladzjdes ISBN 979-10-95925-68-2

Onder de Oceaan Roman 8/12 jaar 40 bladzjdes ISBN 978-2-37725-009-7

Va Liefde en Vriendschap Dichtbundel 100 bladzjdes ISBN 978-2-37725-027-1

Encuentre toda la actualidad de

Laurence Estienne sobre **www.plumissime.fr**

www.facebook.com/Laurence.Estienne.Auteur

Illistración de cobertura con Laurence Estienne
Acabado de imprimir por Amazon – los Estados Unidos
En marzo de 2018
Depósito legal: marzo de 2018

Les Éditions Plum'issime

15 boulevard Limbert B- 84000 Avignon
plumissime.fr
plumissime123@gmail.com   N° ISBN 979-10-95925-38-5